John Diamond
Lebensenergie in der Musik
Band 1

Lebensenergie in der Musik

John Diamond M.D.

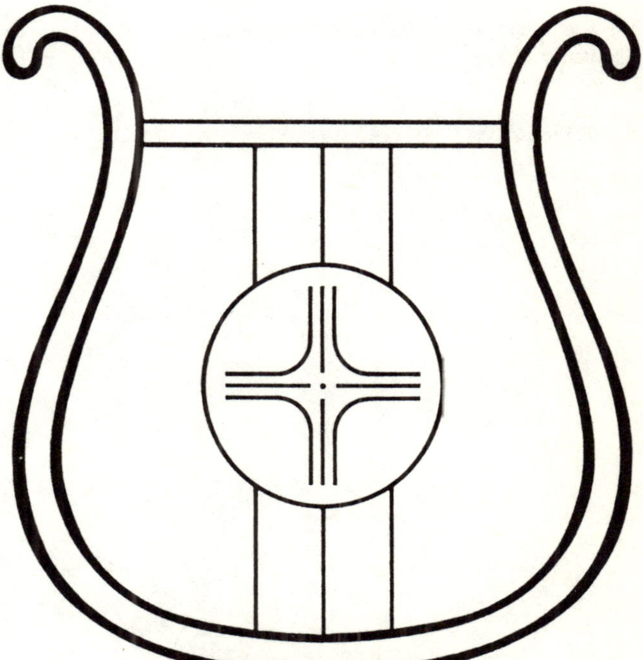

Verlag Bruno Martin

Jecklin

1. Auflage 1983

Übersetzung aus dem Amerikanischen von Ursula Wernli-Maag.

Titel der amerikanischen Ausgabe:
„The Life Energy in Music — I“

Herausgegeben in Zusammenarbeit mit dem
Verlag Bruno Martin
D-2121 Südergellersen

ISBN 3-921786-38-X

Inhaltsverzeichnis

Inhaltsverzeichnis

Widmung

Dieses Buch ist mein Tribut an die Musik, mein unzulänglicher Versuch, ihr meine Dankbarkeit zum Ausdruck zu bringen für alles, was sie für mich getan hat. Insbesondere für all die Jahre, in denen sie mir Trost und Halt gegeben hat.

Ich möchte auch allen Musikern danken, mit denen ich in diesen Jahren zusammenarbeiten durfte, ganz besonders John Buttrick.

Vor allem geht aber mein aufrichtiger Dank an alle großen Komponisten und Musiker, die uns in all den Jahren so viel von ihrem Herz gegeben haben.

„Die Seele ist verwandt mit Klängen, ... was wir hören, läßt in uns die Saite mit demselben Ton erklingen, und aus dem Herzen kommt die Antwort."

Cowper

„Musik ist Liebe."

Hanslick

„Musik ist die Kunst der Propheten, die einzige Kunst, welche den Aufruhr in der Seele besänftigen kann; sie gehört zu den herrlichsten und kostbarsten Gaben, die uns Gott geschenkt hat."

Luther

Vorwort

Dieses Buch vereinigt eine Reihe von Aufsätzen über Ergebnisse aus den verschiedenen Forschungsbereichen am Institute for the Enhancement of Life Energy and Creativity, die sich mit den Auswirkungen von Musik und Klängen befassen.

Da alles von Musik handelt, habe ich gewissermaßen zu „komponieren" versucht. Ich wollte keine trockene, logische, wissenschaftliche Abhandlung schreiben, die sich an Ihre ohnehin schon überlastete analytische linke Gehirnhälfte richtet. Ich habe stattdessen mein Werk an Ihr ganzes Gehirn gerichtet. Ich versuchte, mit Rhythmen, Gebärden und Gestaltungsmustern zu arbeiten, die Ihnen hoffentlich in ihrer Gesamtheit mehr nützen, als wenn Sie noch ein weiteres Buch voller Fakten lesen. Vielleicht empfinden Sie manche Stellen als Wiederholung, verwirrend oder unlogisch. Gewiß, einiges davon entspringt meiner Unbeholfenheit in Logik und Stil, aber manches stellt doch meine Versuche dar, Ihre rechte Gehirnhälfte durch die Verwendung von bestimmten Mustern zu aktivieren.

Ich wollte, ich wäre ein guter Musiker. Leider bin ich das nicht, und deshalb muß dieses Buch mein Behelf sein. Wie die Musik aber erst dann zum Leben kommt, wenn sie gespielt wird, werden Sie bei meinem Buch ebenfalls die Erfahrung machen, daß sie am meisten davon verstehen können, wenn Sie es laut lesen.

Einführung

Vor kurzem hörte ich ein Kammermusik-Konzert — Solist war ein bekannter Geiger, und es wurden unter anderem eine Sonate für Violine und Klavier und ein Werk für Streicher-Ensemble zur Aufführung gebracht. Das Konzert hatte in der New York Times eine phantastische Kritik erhalten; das Publikum applaudierte begeistert. Aber man konnte gut sehen, daß nur zwei der Musiker den Puls der Musik aufnehmen und in ihm aufgehen konnten. Was wir sonst sahen, war eine Reihe von Bravourleistungen und richtige Schwerarbeit. Sichtliche Verspannungen, Atemlosigkeit und angstverzerrte Gesichter waren weitere Zeichen der Anstrengung. Einmal mehr vermißten wir die dionysische Freude, die Begeisterung, die geschmeidigen und elastischen Körperbewegungen, die doch ein besonderes Geschenk der Musik sind.

Viele von uns Berufsmusikern wissen zwar um die gegenwärtige Lage der Dinge, aber wir konnten bisher keinen Weg sehen, um eine Änderung herbeizuführen. Und doch verfolgt uns dieses Wissen ständig im Hintergrund: daß unser musikalisches Ideal oft in uns gefangen bleibt, wenn wir spielen, und daß wir selten die freudige Genugtuung erleben, dieses Ideal an die Hörer weiterzugeben. Diese Frustration kann man dem Spiel eines Orchestermusikers förmlich anhören und ansehen, und auch den Bewegungen eines modernen Dirigenten, die höchstens noch seiner Selbstverherrlichung dienlich sind. Von solchen Orchestern kaufen wir Schallplatten von Produzenten, die mit ihrem Fanatismus für klanggetreue Wiedergabe völlig am Ziel vorbeischießen — nämlich dieses kaum Faßbare zu vermitteln: Herz und Atem des Augenblicks, wo Komponist und Musiker streßfrei zusammentreffen. Wer je ein Aufnahmestudio von innen gesehen hat, das viel eher wie eine Intensivstation aussieht, weiß, daß hier kaum ein Ergebnis von Wert entstehen kann.

Vor drei Jahren ging meine Karriere munter aufwärts — wenigstens in den Augen der Öffentlichkeit. Es standen weitere Konzertreisen mit zwei weltbekannten Streichquartetten auf dem Programm, meine neueste Schallplatte war gut aufgenommen worden, mein hervorragender neuer Manager in Europa hatte da für zusätzliche Konzertreisen gesorgt, es sollten weitere Schallplatten folgen. Für Schüler hatte ich eine Warteliste. Meine Konzerttätigkeit befand sich in einem ununterbrochenen Hoch, und die Kritiken waren zumeist des Lobes voll. Aber allzu oft empfand ich keine wirkliche innere Genugtuung, wenn ich spielte. In den Konzerten verfolgten mich Bedenken wegen schwieriger Passagen, ich fürchtete, den musikalischen Faden zu verlieren oder mutmaßte, was wohl die Kritiker schreiben würden. Das Üben empfand ich als lästige Pflicht und als körperlichen Streß. Was aber das Schlimmste war, ich hatte keine Freude mehr an der Musik.

Etwa um diese Zeit nahm mich ein Freund mit zu einem Seminar von John Diamond. Zuerst war ich einfach verblüfft, wie treffsicher und sprechend der Deltamuskel-Test war. Dann wurde mir aber bald einmal klar, daß hier ein Weg war, eine Kunst, mit der ich an die Ursachen meines Stresses, an meine oft schlummernde Kreativität und meine schwankenden Fähigkeiten zu geben herankommen konnte, und zwar besser, als ich es je für möglich gehalten hätte.

Vorher hatten mir eine psychiatrische Behandlung, die Alexander-Technik, Übungsprogramme und bewußte Ernährung zwar geholfen, aber lediglich eine allgemeine Woge des musikalischen und psychischen Stresses verlangsamt. In der Arbeit mit John Diamond hatte ich von allem Anfang an das Gefühl, daß ich gewisse Verhaltensmuster ändern oder aus einem andern Winkel betrachten konnte, und ich nahm eine unmittelbare Wirkung auf Körper und Geist wahr. Die Tiefe des kreativen Erlebens, die sich mir aufschloß, nachdem das Ego an den ihm zukommenden Platz verwiesen worden war, gehört zum schönsten, das ich je erfahren habe. Und mit der Zeit bekam ich das Gefühl, daß ich endlich daran war, das richtige Instrument zu stimmen, das sich mit seiner neu entdeckten Resonanz auf viele Lebensbereiche fördernd auswirkte.

Ich weiß jetzt, daß ich mit meiner Musik Menschen körperlich stärken kann. Und manchmal wird mir plötzlich bewußt, daß die Zuhörer und ich zusammen atmen, daß ich lediglich das Prisma bin, durch welches alles fließt. Das biologische Gebot des rhythmischen Pulses und das Werden und Wachsen musikalischer Motive haben einstudierte Effekte verdrängt. Schwierige Stellen bereiten mir weniger körperlichen Streß; dafür haben die überwältigende Kraft des richtigen Atems und eine positivere Grundhaltung gesorgt.

Die eigentliche Frucht dieser ganzen Arbeit liegt jedoch darin, daß meine Liebe zur Musik, die ich als Kind hatte, in meinem Spiel und in meinem Verständnis der Musik wieder da ist. Meine technischen Fähigkeiten und meine musikalische Erfahrung, die ich mir während meiner Ausbildung und beim Unterrichten angeeignet habe, dienen zur Regulierung, nicht aber zur Kontrolle über die Musik. Und doch habe ich nicht etwa das bewußte Gefühl, ich sei am magischen Punkt des sicheren Erfolges angelangt. Eher sind die zugefrorenen Bäche meines verzettelten Musiklebens von einst zu einem breiten und ausgedehnten Strom zusammengeflossen. Das Wasser ist frischer, das Licht schillernd, die Strömung gleichmäßig, sogar wenn bisweilen Stromschnellen kommen. Solange ich mich mit diesem Strom weiterbewege, ist die Musik nicht mehr nur ein Beruf, sondern der Weg zu meinem Ziel.

John Buttrick Im Januar 1981
Professor für Musik — Massachusetts Institute of Technology

Die heilende Kraft der Musik

Ich verehre die Musik als wahre und wirksame Therapie, um die Lebensenergie in jedem einzelnen Menschen zu aktivieren. Hippokrates nannte sie Vis Medicatrix Naturae — die heilende Kraft der Natur; bei Paracelsus heißt sie Archaeus; sie ist Prana, Ki, Geist. Sie löst die wahre und einzige Heilung aus, die Heilung, die von innen kommt.

Ein Medikament kann vielleicht die Symptome einer Krankheit lindern, aber heilen kann es nicht. Wahre Genesung geht immer mit einer großen Veränderung im Patienten einher: in seiner Einstellung zu sich selbst, zum Leben und zu Gott. Er muß letztlich in der Seele genesen.

Von allen Formen der physikalischen Therapie kann die Musik am wirkungsvollsten diese Lebensenergie aktivieren und die Seele stärken. Nur reine Liebe vollbringt noch mehr.

Streßabbau

Ein einfacher Deltamuskel-Test[1]) zeigt an, daß die meisten Menschen schwach sind, wenn sie in ein Neonlicht schauen, an eine unangenehme Situation denken oder unter einer anderen Form von Streß stehen.[2]) Sobald Musik gespielt wird, sind sie stark, auch wenn derselbe Streßreiz immer noch vorhanden ist. Die Musik macht sie dem Streß gegenüber immun.

Mit einem Test läßt sich auch feststellen, daß 95 Prozent der Bevölkerung eine Unterfunktion der Thymusdrüse[3]) aufweisen — und demzufolge eine schwache Lebensenergie, denn die Thymusdrüse hat eine wichtige Kontrollfunktion über die Lebensenergie. Die Thymusaktivität steigt sofort an, wenn man Musik hört.

Grundsätzlich besteht die therapeutische Wirkung der Musik darin, daß sie die Lebensenergie stärkt, die Wirkung von Streß und schädlichen Reizen abschwächt und die inneren Heilkräfte fördert.

Die Lebensenergie der Musik und ihre Interpretation

„In ihrer langen Geschichte ist Musik immer wieder als Heilmittel erachtet oder verwendet worden."[4])

Der eigentliche Sinn der Musik liegt in ihrer therapeutischen Wirkung und in der Stärkung der Lebensenergie ihrer Zuhörer. Diese einfache, aber große Wahrheit scheint in der heutigen Zeit vergessen, die technischem Können und abstrakter Musikwissenschaft so viel Bedeutung beimißt. Die Funktion der Musik bestand von allem Anfang an in der geistigen Erbauung des Hörers, in der Stärkung seiner Lebensenergie.

Daher galt die Musik seit Jahrhunderten als eine der großen Heilkräfte. Dies hat zum Beispiel schon Pythagoras erkannt und angewendet. Und in der Odysse können wir lesen, wie die Gefährten von Odysseus „die Wunden verbanden und das schwarze Blut mit einem heilenden Gesang stillten." Die Musik kommt zu allen Zeiten in den Schriften großer Ärzte vor, wie zum Beispiel bei Caelius Aurelianus oder Moses Maimonides, die sehr präzise Anweisungen gaben, wie sie in der Medizin zu verwenden sei. Es überrascht uns auch nicht, wenn wir lesen, daß David Saul mit Musik besänftigte. Wir wissen alle, daß die Musik diese Kraft hat. Und doch denken wir nicht daran, wenn wir musizieren, wenn wir ein Konzert besuchen oder wenn wir eine Schallplatte kaufen; oder wir haben den eigentlichen Grund für das Bestehen der Musik vergessen.

* * *

Alle Kommunikation geht auf die erste Beziehung des Kindes zu seiner Mutter zurück, vor allem zu ihrer Stimme, und diese Stimme singt. Die Musik beginnt beim Wiegenlied und bei den wunderschönen, melodiösen Lauten, welche eine Mutter für ihr Kind hat. Sie ist Ausdruck der Liebe, die allem Streß und Unbehagen begegnen kann. Wer einmal zugehört hat, wie eine Mutter mit ihrer liebevollen, wiegenden und melodiösen Musik ihr weinendes Kind tröstet, wird unweigerlich verstehen, daß hier der Ursprung aller Kommunikation sein muß. Diese Musik ist Liebe und Trost, sie vermindert den Streß und stärkt die Lebensenergie.

Wir gelangen zwangsläufig zur Einsicht, daß mit unserer Einstellung zur Musik etwas nicht mehr stimmt. Kein Kritiker bespricht ein Konzert in Begriffen wie „Erbauung" oder „persönlicher Gewinn". Stattdessen lassen wir uns von Technik und anderen oberflächlichen Kriterien beeindrucken, welche mit dem wirklichen Sinn der Musik wenig gemeinsam haben. Eine Mutter, die falsch singt, tut mehr für ihr Kind als ein Koloratursopran ohne Herz.

Seit über 25 Jahren befasse ich mich in meiner Praxis mit der Frage, worin diese lebensstärkende Kraft der Musik besteht, und wie man sie am besten für die Therapie nutzen kann. So habe ich zum Beispiel die Entdeckung gemacht, daß Musik als Analgetikum zur Schmerzlinderung und bei gewissen chirurgischen Eingriffen sogar als Anästhetikum dienen kann — wie ein altes griechisches Sprichwort sagt: „Die Menschen haben den Gesang als Arzt gegen den Schmerz." Ich verwende Musik bei emotionalen Störungen, Angstzuständen, Phobien, bei Depression und sogar bei akuter Psychose. Natürlich hilft sie auch gegen Schlaflosigkeit — das war übrigens auch der Grund, weshalb Bach die Goldberg-Variationen komponierte. Ich setze Musik in Programmen zur Drogenentziehung ein, und ganz allgemein immer dann, wenn ich in einem Patienten den Willen zur Gesundheit und die Lebensenergie aktivieren will. Die

Verwendungsmöglichkeiten sind unendlich — jedenfalls ist sie ein fester Bestandteil meines Praxisalltags. Je häufiger ich jedoch mit Musik arbeite, desto klarer wird mir, wie wenig ich noch immer davon weiß, was sie wirklich zu tun vermag. Es scheint keinen Fall zu geben, bei dem die richtige Musik nicht von erheblichem Nutzen ist.

Erst vor kurzem wurde ich zu einem Freund ins Krankenhaus gerufen. Er war tags zuvor operiert worden, und als ich kam, wurde er von starken Schmerzen geplagt. Sein Puls ging sehr schnell, er atmete flach und nur im Oberkörper, man konnte überhaupt keine Zwerchfellbewegung feststellen. Seine ganze Erscheinung verriet Angst und Schmerz. Als erstes ließ ich die richtige Musik erklingen. Er hörte sie mit den Ohren, aber ich leitete sie auch mit kleinen Schallwandlern zu bestimmten Akupunktur-Punkten auf seinem Körper, die mit seinen Schmerzen in Verbindung standen.[5]) Binnen einer Minute waren seine Schmerzen vollständig gewichen, er atmete tief, und man konnte jetzt auch eine Zwerchfellbewegung feststellen. Sein Puls war von 116 auf 70 gefallen, er lächelte und auf seinen Wangen, die vorher blaß vor Angst gewesen waren, erschien ein lebhafter Glanz. Seufzend entspannte er sich und konnte dann seiner Angst vor dem Krankenhausaufenthalt Ausdruck geben. Bald darauf erhob er sich und machte sogar einige Schritte. Dies ist die Kraft der Musik. Sie war den Alten bekannt, und „primitiven“ Völkerstämmen ist sie noch immer bekannt.

Vermutlich gehörte die Musik in allen Kulturen, auch in unserer, zur medizinischen Behandlung. Im alten Griechenland hatte sie zum Beispiel in den Heiltempeln von Aeskulap eine feste Funktion. Sie findet sich noch heute in den Heilritualen fast aller „primitiven“ Stämme. Singen und Tanzen gehören charakteristisch zum Wirken eines Medizinmannes oder Schamanen. Aber heute gehen bei uns im Westen Musik und Medizin völlig getrennte Wege. Statt Musik hört man in den Korridoren der Krankenhäuser das Geklirr von rostfreiem Stahl, die Fernsehgeräte der Patienten und das unablässige Kommen und Gehen des Pflegepersonals.

Ich spiele Ärzten jeweils ein Tonband vor, das in einem modernen amerikanischen Krankenhaus am Bett eines Patienten aufgenommen wurde, und dann zum Vergleich eine Aufnahme aus einem mexikanischen Krankenhaus. Hier stammen die vorherrschenden Geräusche von Singvögeln im Hof. Den ganzen Tag hört der Patient nicht den Lärm unserer modernen technologischen „Errungenschaften", sondern die schönen heilenden Klänge der Natur. Als die Medizin sich von der Musik trennte, büßte sie ihre Seele ein.

Aber ein kleiner Rest hat sich halten können. Die Musik ist noch immer ein wichtiger Teil aller Gottesdienste — eine Bestätigung ihrer geistigen Funktion. Aber wieder vergessen wir dies, wenn wir in einem Konzert Musik hören und kritisieren. Ja, es kommt umgekehrt sogar vor, daß „gebildete" Kirchgänger die technischen Qualitäten der Musik, die sie in der Kirche hörten, kommentieren; doch zum Glück gibt es auch noch „Ungebildete", die von der Musik in geistigen Begriffen erzählen, wie erhebend sie gewesen sei, wie sie ihr Herz geöffnet und sie Gott nähergebracht habe. Ich glaube, daß dies der wahre Sinn der Musik ist.

* * *

Ich lege eine Methode der Musikästhetik vor, die mit der herkömmlichen Musikausbildung und Musiktheorie wenig zu tun hat, und bei welcher die Technik keine wichtige Rolle spielt. Dies sind zwar äußerst bedeutende Faktoren, aber sie dürfen nie an erster Stelle stehen. Mit dieser Methode kann man die Musik unabhängig von oberflächlichen Kriterien aufgrund ihres wesentlichen Gehalts beurteilen und verstehen. Sie stellt und beantwortet folgende Fragen: „Stärkt diese Musik unsere Lebensenergie? Haben die Menschen etwas davon, wenn sie gespielt wird?"

Im Laufe der Jahre haben wir am Institute for the Enhancement of Life Energy and Creativity etwa 25.000 Aufnahmen von Musik getestet — westliche Klassik und Unterhaltungsmusik sowie ethnische Musik aus vielen Kulturen. Mit spezifischen Tests an den Zuhörern haben wir bei den meisten Komponisten den Grad ihrer lebensenergiestärkenden Fähigkeiten sowie die Veränderungen in ihrer Energie im Laufe ihres Lebens aufgezeichnet. Wir können auch bei allen Instrumentalisten, Sängern und Dirigenten den genauen Grad der lebensenergiestärkenden Fähigkeiten aufzeichnen.

Der Test ist völlig objektiv, er hat keine subjektive Komponente. Zum erstenmal hat sich die Kritik aus dem Bereich von Gefühlen, von Vorliebe und Abneigung gelöst. Der Test fragt nach der physiologischen Auswirkung der Musik.

Um diese Ergebnisse zu erzielen, sind äußerst exakte Tests erforderlich, die weit über den Rahmen dieses Buches hinausgehen würden. In dieser mehr orientierenden Darstellung beschränke ich mich auf einen einfachen Test, den Sie leicht selbst durchführen können. Es geht darum, den Atem der Zuhörer zu beobachten. Mit diesem Test können Sie zwei verschiedene Gruppen von Musikern feststellen — eine Gruppe spielt unter Streß, die andere spielt streßfrei.

Das spontane Pulsieren der Atmungsenergie [6]

Bevor ich den Test beschreibe, möchte ich Ihnen folgendes berichten: Seit Jahren lasse ich meine Schüler ein Musikstück hören, und zwar mehrmals mit verschiedenen Interpreten. Ein gutes Beispiel ist der Anfang des dritten Satzes aus Beethovens Neunter Symphonie. Bei einer Aufnahme mit Furtwängler kann man die Beobachtung machen, daß die ganze Gruppe fast innerhalb von Sekunden synchron atmet, alle scheinen ihre Brust einstimmig zu heben und zu senken. Macht man sie darauf aufmerksam, bestätigen sie das Phänomen. Spiele ich dann eine Aufnahme von derselben Stelle mit wenig Energie, tritt dieses einstimmige Pulsieren der Atmung in der Gruppe nicht auf. Stattdessen scheint jeder flach und in einem anderen Rhythmus zu atmen. Häufig beobachten die Teilnehmer der Gruppe auch an sich selbst, daß ihre Atmung flach und unregelmäßig geworden ist, und daß sie nicht alle zusammen atmen. Bei der Furtwängler-Aufnahme atmen sie alle zum spontanen Pulsieren der Atmungsenergie, die Furtwängler in reiner Form überträgt. Bei der energieschwachen Aufnahme ist dieses spontane Pulsieren gebrochen und verzerrt, weil der Dirigent unter Streß steht und sich deswegen nicht mit dem Puls identifizieren kann.

In einem Konzert kann man dasselbe erleben. Mit einem energiestarken Dirigenten atmen die meisten Zuhörer einstimmig. Der ganze Saal scheint mitsamt dem Dirigenten mit dem Komponisten zusammen zu pulsieren. In diesem Puls liegt die heilende Kraft der Musik, und deshalb haben solche Konzerte eine heilende Wirkung. Die Zuhörer nehmen es vielleicht nicht einmal wahr, aber ihre Energie verstärkt sich und ihr Streß baut sich ab.

Steht anderseits der Dirigent unter Streß, tritt diese einstimmige Atmung nicht auf, und das Heilungspotential der Musik kann nicht voll wirksam werden.

Mit diesem einfachen Test sind Sie in der Lage, Musiker (aber nicht Komponisten) in zwei Gruppen einzuteilen: die einen können das spontane Pulsieren der Atmung übertragen, und die andern können es nicht, weil sie zu stark unter Streß stehen. Natürlich ist dieser Test nicht so exakt wie die Testverfahren, die wir bei unseren Untersuchungen verwenden, aber er ist trotzdem von großem Wert. Er gibt Ihnen eine Ahnung vom wirklichen Sinn der Musik, und zudem eine neue Möglichkeit, sich über eine musikalische Aufführung selbst eine Meinung zu bilden. Sie können nun klar entscheiden, welche Interpreten Sie hören möchten. Beim heutigen Standard darf man ruhig sagen, daß alle bekannten Künstler technisch gut sind. Aber es kommt noch etwas weiteres dazu, das nicht von der Technik abhängig ist. Der Musiker darf beim Spielen nicht unter Streß stehen; nur dann kann er die Musik aus seinem Herz fließen lassen. Gelingt ihm das, können wir sie auch in unser Herz aufnehmen. Dann ist die Kommunikation wie mit der Mutter, von Herz zu Herz.[7]) Feuerwerke und laute Steigerungseffekte mögen uns beeindrucken — doch sie verblassen rasch. Wenn jedoch das Herz beteiligt ist, kann die Musik in uns weiterleben, und wir können dabei wachsen.

Der Atemlänge-Test [8])

Mit diesem Test läßt sich anhand der Atemlänge die Qualität der Lebensenergie feststellen. Machen Sie sich zuerst mit dem einfachen Deltamuskel-Test[9]) vertraut. Die Person, die Sie testen wollen, steht aufrecht und streckt den linken Arm im rechten Winkel zur Seite, der Ellbogen muß gestreckt sein. Zur Durchführung des Tests stellen Sie sich der Testperson gegenüber. Nun drücken Sie mit einer Kraft, die ungefähr vier Kilogramm entspricht, den ausgestreckten Arm beim Handgelenk ziemlich rasch und bestimmt nach unten. Die Testperson sollte diesem Druck ohne weiteres standhalten können. Eine Art Einrasten im Schultergelenk ist Anzeichen dafür, daß der Deltamuskel, dem der Test gilt, in Ordnung ist.

Wenn sich Ihr Testpartner an diesen normalen Test gewöhnt hat, lassen Sie ihn als nächstes tief einatmen und den Atem anhalten[10]). Jetzt drücken Sie den so ausgestreckten Arm im Abstand von etwa zwei Sekunden so lange immer wieder nach unten, bis der Deltamuskel dem Streß bei angehaltenem Atem nicht mehr standhalten kann. Sie werden beobachten, daß die Zeitspanne, bis das Testergebnis bei angehaltenem Atem schwach ist, bei verschiedenen Personen sehr verschieden lang ist. Dies zeigt den grundsätzlichen Pegel ihrer Lebensenergie an.

Mit dem Atemlänge-Test messen wir nun die Zeitspanne, in welcher der Muskel bei angehaltenem Atem stark bleibt, während die Testperson Musik hört, und zwar verschiedene Aufnahmen desselben Musikstücks. Hier werden Sie sehen können, daß Ihr Partner — völlig unabhängig davon, wie lange er den Atem ohne Musik anhalten konnte — bei der Testmusik auf eine der beiden folgenden Arten reagiert: bei einigen Interpreten ist er sehr bald, etwa nach fünf Sekunden, schwach, während er bei anderen Aufnahmen desselben Stücks bis zu vierzig Sekunden lang stark bleibt.

Wieder zeigt sich also, daß bei diesem Test die Musiker in zwei Gruppen fallen: Wenn die Testperson bei ihrer Musik den Atem lange anhalten kann, bis das Testergebnis schwach wird, sind sie energiestark und stehen nicht unter Streß. Deshalb verhilft ihre Musik der Testperson dazu, den Streß abzubauen und die Lebensenergie zu stärken. Zeigt die Musik hingegen nicht dieses Resultat, stehen die Musiker unter Streß und haben selbst einen niedrigen Energiepegel, was sich auf den Zuhörer überträgt. Die Testperson reagiert völlig unabhängig von der Atemlänge, die man bei ihr ohne Testmusik feststellt.[11])

Zur Illustration führten wir mit dreißig Testpersonen einen Doppelblindversuch durch. Wir testeten den Anfang des ersten Satzes von fünf Beethoven-Klaviersonaten, zur Hauptsache anhand von Schallplatten, die im Handel erhältlich waren, und einigen Aufnahmen aus Konzerten. Insgesamt testeten wir 46 Pianisten in 128 verschiedenen Aufnahmen.

Die Pianisten ließen sich aufgrund des Atemlänge-Tests leicht unterscheiden. Es gab wieder zwei Gruppen: die Fünf-Sekunden-Gruppe (die „gestreßten" Pianisten) und die Fünfundzwanzig-Sekunden-Gruppe (die „ungestreßten“ Pianisten). 15 waren energiestark — sie standen nicht unter Streß —, und 31 waren gestreßt. Leider konzertieren zur Zeit nur sechs der energiestarken Pianisten. Ich möchte in diesem Buch lebende Musiker nicht namentlich erwähnen (mit einer einzigen Ausnahme). Stattdessen möchte ich Sie auf die unterschiedliche Wirkung der Vortragsweise, die Sie selbst feststellen können, aufmerksam machen, und auf deren Zusammenhang mit dem eigentlichen Sinn der Musik — mit ihrer therapeutischen Wirkung.

Selbstverständlich muß man bei der Festlegung von Aufführungskriterien viele Faktoren in Betracht ziehen und gegeneinander abwägen. Der Atemlänge-Test bietet eine Alternative zum üblichen analytisch-akademischen Vorgehen, das technische Fähigkeiten weit über das Herz stellt. Er bietet auch eine Alternative zu den Konzertkriterien, die dem allgemeinen Geschmack und der Mode unterworfen sind. Er beweist, daß Musik mehr ist als nur Unterhaltung.

Der Atemlänge-Test befaßt sich mit der Auswirkung der Musik auf die Physiologie des Körpers. Er hat mit technischen Fähigkeiten an sich wenig zu tun. Natürlich kann der Puls des Komponisten nur mit einem hohen Maß an Technik überhaupt übertragen werden, aber der Atemlänge-Test geht über technische Belange hinaus. Und da die Testergebnisse eine physiologische Reaktion darstellen, können sie auch nicht durch die Werbetrommel beeinflußt werden. Zudem wird das Wichtigste in der Musik getestet — nicht akademische Kriterien oder sentimentale, oberflächliche Gefühlsduselei, sondern vielmehr der eigentliche Grund für ihr Bestehen: ihre therapeutischen Eigenschaften, ihre Fähigkeit, uns zu heilen. Es muß uns immer bewußt bleiben, daß die Musik eine große Heilkraft hat, und daß die transzendenten Musiker große Therapeuten sind.[12)]

Alle Künstler in der genannten Studie sind große Virtuosen, und alle haben große musikalische Erfahrung. Aber es geht noch um etwas anderes. Der Künstler muß den Puls des Komponisten übertragen können. Im Falle von Beethoven ist dies ein sehr energiestarker Puls, vor allem in seinen späteren Werken.[13]) Wenn ein Musiker diesen Puls übertragen kann, erfahren wir Heilung durch seine Musik, und er reiht sich in die lange Linie derer ein, die das musikalische Erbe verwalten. Ein solcher Musiker vermag uns Trost, Halt und Stütze zu geben, er vermag unsere Seele zu stärken und zu heilen, wie unsere Mütter es konnten, auf natürliche Weise.

Wir machten beim Test der Künstleraufnahmen die interessante Beobachtung, daß sich der Energiepegel eines Musikers im Laufe seines Lebens selten verändert. So zeigen zum Beispiel Aufnahmen von Casals während beinahe fünfzig Jahren keine Veränderung in seiner Lebensenergie. Bei einigen Musikern ließ sich auf ihren letzten Aufnahmen ein Absinken der Lebensenergie erkennen — es kam nicht überraschend, wenn wir dann bald darauf von einer schweren Erkrankung oder gar von ihrem Tod hörten. Aber obwohl dies vorkommt, läßt sich doch im allgemeinen höchst selten eine Veränderung in der Lebensenergie feststellen. Beispiele dafür sind etwa Dinu Lipatti und Pierre Monteux.

Wir fanden keinen Musiker, dessen Energie ohne therapeutische Intervention stärker wurde. Sobald er einmal Berufsmusiker ist, scheint sein Streßpegel festgelegt. In diese Richtung wird ein großer Teil der Forschung am Institute for the Enhancement of Life Energy and Creativity gelenkt. Wir erzielen höchst erfreuliche Resultate, wenn wir mit Musikern arbeiten, um ihren Streß beim Auftreten zu reduzieren und ihre Lebensenergie so zu stärken, daß sie mit dem Puls des Komponisten vollkommen eins werden können. So kann aus einem untherapeutischen Interpreten ein transzendenter Musiker werden.

Die verschiedenen Stufen der therapeutischen Kommunikation

Zuerst möchte ich die drei Stufen der Lebensenergie definieren:

1. *Starke Thymus-Aktivität:* Menschen, deren Thymusdrüse sich im Test stark erweist[14]), verfügen zur Zeit des Tests über eine starke Lebensenergie und sind in guter gesundheitlicher Verfassung. Ihr Wille zur Gesundheit ist aktiv. Sie haben eine positive Lebenseinstellung und sorgen dafür, daß sowohl sie selbst als auch die Menschen in ihrer Umgebung gesund und wohlauf bleiben. Sie strahlen das aus, was wir Kennzeichen einer starken Thymusdrüse nennen: Liebe, Glaube, Dankbarkeit, Vertrauen und Mut. Diesen Menschen kann der Lebensstreß nicht viel anhaben. Ihre beiden Gehirnhemisphären arbeiten gleichmäßig, und deshalb sind sie kreativ. Dieser Typ umfaßt normalerweise etwa fünf Prozent der Durchschnittsbevölkerung.

2. *Streßanfällig:* Bei den meisten Menschen ist die Thymusaktivität im Test schwach. Es steht ihnen nicht genügend Lebensenergie zur Verfügung. Deshalb sind sie sehr streßanfällig. Ihre beiden Gehirnhemisphären sind nicht ausgewogen[15]), sie sind also nicht so kreativ. Dies betrifft die Mehrheit der Bevölkerung.

3. *Nabel-Problem:*[16]) Eine kleine, aber scharf umrissene Gruppe hat das, was wir mit „Nabel-Problem" umschreiben. Diese Menschen sind krankheitsanfällig. Das Nabel-Problem ist ein Anzeichen dafür, daß der sogenannte „Todesinstinkt" derzeit stärker ist als der „Lebensinstinkt".

Wir alle wissen, daß wir Kräfte, welche die Gesundheit fördern, und solche, welche ihr entgegenwirken, in uns tragen. Dafür ist der Raucher ein deutliches Beispiel. Jedesmal, wenn er einen Zug nimmt, motiviert ihn sein Todesinstinkt dazu. Jedesmal, wenn jemand nach Süßigkeiten greift, obwohl er weiß, wie schädlich sie sind, verrät dies, daß momentan sein Todesinstinkt vorherrscht. Jedesmal, wenn er beschließt, nicht davon zu naschen, ist das ein Zeichen seines Lebensinstinkts. Zwischen diesen beiden Kräften geht ein ständiger Kampf in uns vor, und unser Verhalten wird von einem Moment zum andern von diesem Kampf geprägt. Tagtäglich sind unsere Handlungen ständig einmal vom Todesinstinkt und ein andermal vom Lebensinstinkt beeinflußt. Stellt sich im Test heraus, daß jemand ein Nabelproblem hat, überwiegt zur Zeit sein Todesinstinkt. Er ist demnach zur Krankheit prädisponiert.

Nach unserer Erfahrung läßt sich die Musik in Bezug auf ihre therapeutische Wirkung in fünf große Gruppen einteilen:

Gruppe 1: eindeutig untherapeutisch. Diese Art Musik verursacht dem Zuhörer tatsächlich ein Nabel-Problem — das heißt, sie aktiviert seinen Todesinstinkt. Diese Erscheinung tritt auf, wenn man über längere Zeit dem Einfluß gewisser Rock-Musik ausgesetzt ist.[17])

Gruppe 2: untherapeutisch. Diese Musik erzeugt Streß und beeinträchtig die Aktivität der Thymusdrüse. Auch wenn sie im Test vorher stark war, wird sie beim Anhören dieser Musik schwach.[18])

Gruppe 3: nicht therapeutisch oder neutral. Diese Art Musik hat keinen Einfluß auf die Lebensenergie. Wenn die Thymus-Aktivität schwach war, bleibt sie weiterhin schwach. War sie vorher stark, bleibt sie weiterhin stark. Elektronische Musik aus dem Synthesizer und Muzak gehören zu dieser Gruppe. Diese Musik hat überhaupt keinen Puls — sie nützt nichts und schadet nichts.

Gruppe 4: therapeutisch. Diese Musik stärkt die Lebensenergie des Zuhörers. War die Thymusdrüse im Test vorher schwach, wird sie durch diese Musik gestärkt. Fast alle Musik, Klassik und Unterhaltungsmusik, fällt in diese

Gruppe, die viele verschiedene Ebenen von „kaum therapeutisch“ bis „sehr therapeutisch“ umfaßt.
Gruppe 5: transzendente Musik. Diese Gruppe hat die stärkste Energie von allen. Nur diese Musik kann den Todesinstinkt zum Lebensinstinkt umwandeln. Diese Musik kann für jede Art der Heilung verwendet werden. Sie wirkt in göttlicher Weise therapeutisch.

Die Entstehung der Musik

„Wenn im Keim sich die erste Spur von Leben zu regen beginnt, sorgt die Musik für die Nahrung der Seele; sie murmelt dem Kind leise ins Ohr, während es schläft; die Klänge begleiten seine Träume – sie sind die Welt, in der es lebt."

Bettini

Eine ausgezeichnete Musikerin und Komponistin erzählte mir aus ihrer allerfrühesten Kindheit. Sie kann sich erinnern, wie sie mit ihrer Mutter zusammen gesungen hat, und diese Erinnerungen reichen bis in ihr zweites Lebensjahr zurück. Von ihrer Familie weiß sie auch, daß ihre Mutter vom ersten Tag an immer mit ihr gesungen hat. Während Stunden habe sie die Mutter jeweils singend in ihren Armen gewiegt. Immer habe sie gesungen, ob sie mit ihr spielte, sie nährte oder badete.

Alles, was die Mutter in Babysprache zu ihr sagte, klang wie ein Lied. Und immer wenn die Mutter mit ihr sang, fiel sie unter Lächeln und Glucksen auf ihre Art ein und sang mit.

Sie erinnert sich auch, wie sie jahrelang jeweils nachts Lieder für ihre Mutter ausdachte und sich dabei vorstellte, sie würden den Korridor entlang zu ihr hinschweben. Ich habe mich eingehend mit dieser Sängerin befaßt und ihre Karriere über Jahre hinweg verfolgt, und dabei ist mir bewußt geworden, daß sie alles, was sie singt, grundsätzlich an ihre Mutter richtet. Kein Wunder ist ihre erste Schallplatte ihrer Mutter gewidmet. Und als diese im Sterben lag, hielt sie ihr die Hand und sang ihr geistliche Lieder.

Ich glaube, dies ist ein perfektes Beispiel dafür, wie die Musik im Musiker und im Komponisten entstehen kann — und für die Liebe zur Musik, die wir alle haben.

Wir kommen durch die Laute unserer Mutter, vor allem durch ihre Stimme und ihre Wiegenlieder, erstmals mit der Musik in Berührung. Unsere früheste musikalische Äußerung, zu der auch die Sprache gehört, besteht gewissermaßen in einem Duett mit ihr. Wie schön wäre es, wenn wir auch später im Leben in der Musik stets die Stimme der Liebe erkennen könnten.

Alle Musik kommt als Wiegenlied zu uns, und wir geben sie als Wiegenlied weiter. Sie wird uns als Ausdruck der Liebe geschenkt, und wir schenken sie als Ausdruck der Liebe weiter. Von Herz zu Herz.

Kevin

Kevin ist ein vierzehnjähriger Junge, der wegen Ängsten und Zwangsvorstellungen zu mir kam. Er wird von Todesgedanken verfolgt. Jedesmal, wenn er schlafen geht, fürchtet er, am nächsten Morgen nicht mehr zu erwachen. Bei bestimmten Dingen hat er auch Angst, sie könnten sich durch seine Berührung in Gift verwandeln und ihn töten. Er glaubt auch, seine bloßen Gedanken könnten bestimmten Menschen den Tod bringen. Er führt ein sehr angsterfülltes Leben.

In der psychiatrischen Untersuchung wird nach wenigen Tagen klar, daß der Junge eine große Wut in sich festhält, und daß eben diese Wut seine Ängste aktiviert. Wenn es ihm nicht gelingt, seine Wut in Liebe umzuwandeln, kann er gegen seine Ängste nicht ankommen. Auf die Frage, ob er wütend sei, antwortet Kevin: „Nein, ich werde nie wütend", und seine Eltern bestätigen dies. Wenn ich ihn jedoch auf eine bestimmte Art teste[19]), zeigt sich, daß er sehr viel unbewußte Wut hat — das heißt Wut, die er zwar bewußt nicht wahrnimmt, die aber nichtsdestoweniger ständig wirksam ist und unter anderem seine Todesangst um sich selbst und um seine Angehörigen auslöst.

Wenn wir über etwas sprachen, das ihn mit Sicherheit wütend machen würde, konnte ich beobachten, wie er jeweils mit dem ganzen Körper hin- und herzuwippen oder mit Füßen und Händen zu klopfen begann. Es war klar, daß diese rhythmischen Gebärden seine Versuche waren, mit der Wut fertigzuwerden. Ich war deshalb nicht erstaunt, als ich erfuhr, daß Trommeln seine Lieblingsbeschäftigung war. Er ist sehr begabt, und er spielt richtig gern. Ich konnte ihn leicht davon überzeugen, daß er beim Trommeln, und wenn auch nur für wenige Sekunden, seine unbewußte Wut verliert und dann seiner Familie und sich selbst liebevoller begegnen kann. Er nickte lächelnd dazu, als ob er sagen wollte: „Das habe ich doch schon immer gewußt." Durch seine Musik war er am Leben und bei Verstand geblieben.

Ich wollte Kevin zeigen, was die Musik wirklich vollbringen kann. So testete ich seine Mutter und stellte fest, daß ihr Thymus unteraktiv war.[20]) Dann ließ ich ihn ein Übungsstück spielen, das ihm sein Lehrer aufgetragen hatte. Während er spielte, wies seine Mutter dasselbe Testergebnis auf. Sein Spiel hatte sie nicht gestärkt. Als nächstes ließ ich ihn etwas spielen, das er gern mochte — etwas, das er aus lauter Vergnügen spielen würde. Jetzt war seine Mutter im Test stark, ihre Lebensenergie war aktiviert worden. Als ich dann aber exaktere Tests durchführte, zeigten sich immer noch Anzeichen einer reduzierten Lebensenergie. Seine Musik konnte die Schwäche nicht beheben. Es brauchte mehr.

So sagte ich zu ihm: „Kevin, kümmere dich überhaupt nicht um das, was deine Hände tun. Denk einfach, daß alles, was du spielst, zu deiner Mutter fließt, daß du es zu ihr hinlenkst, weil du den aufrichtigen Wunsch hast, ihre Lebensenergie zu stärken und sie gesund zu machen." Jetzt wurde sie durch sein Spiel in hohem Maße gestärkt. Er hatte erfahren, wie therapeutisch die Musik wirken kann, und wie wichtig es ist, sie beim Spielen in einer liebevollen Gebärde nach außen zu anderen Menschen hinfließen zu lassen.[21])

Glück und Frieden sind jetzt im Haus, weil Kevin jedesmal, wenn er trommelt, in Gedanken seine Eltern heilt, und seine Eltern jedesmal, wenn sie ihn spielen hören, wissen, daß dies sein Ausdruck der Liebe zu ihnen ist. An die Stelle seiner Ängste ist die Liebe getreten.

Musik als Therapie

Ein Leitartikel in der Zeitschrift der American Medical Association[22]) bestärkte meine Hoffnungen, daß die Musik endlich in ihrer wahren Rolle als Therapie Anerkennung finde.

Der Verfasser, Dr. Samuel Vaisrub, zitiert Novalis: „Jede Krankheit ist ein musikalisches Problem — die Heilung eine musikalische Auflösung."[23]) Er zitiert auch Francis Bacon: „Die Dichter taten gut daran, Musik und Medizin in Apollo zu vereinen, besteht doch die Aufgabe der Medizin darin, diese eigenartige Harfe von menschlichem Körper zu stimmen und in Harmonie zu bringen."[24]) Er spricht über Heilzeremonien in den Tempeln von Aeskulap und erwähnt auch (wie alle, die über Musik und Medizin schreiben), daß David Harfe spielte, um Saul zu beruhigen.

Und doch ist es verhängnisvoll, wenn er schreibt, daß man „Musik nicht mit Therapie gleichsetzen dürfe", und zum Abschluß Musik als „Anhängsel der Psychotherapie in einigen psychiatrischen Heilstätten" einstuft. Wie schade, daß er keine Ahnung hat von der gewaltigen therapeutischen Kraft der Musik, mit der sie unsere Lebensenergie stärkt und die unterdrückten Genesungskräfte, die heilende Kraft der Natur in uns, freisetzt.

Als Beispiel für ihre Kraft haben wir die Ergebnisse der Untersuchung über die Langlebigkeit von klassischen Dirigenten, von denen wir in *Your Body Doesn't Lie* berichten. Im Alter von 70 Jahren, da 50 Prozent der amerikanischen Männer bereits tot sind, sind 80 Prozent der Dirigenten nicht nur noch am Leben, sondern noch aktiv und tätig. Die Musik hat etwas unglaublich therapeutisches in sich. Wir haben bewiesen, daß fast alle Musik, im Unterschied zum Amusement[25]), eine tiefgreifende Wirkung haben kann. Jede Unausgewogenheit in der Energie kann mit Musik korrigiert werden. Musik aktiviert die Lebensenergie und die Thymusdrüse, bringt die Gehirnhemisphären zum Ausgleich und reduziert die Streßanfälligkeit. Sie erhöht die Schmerzschwelle und läßt sich als Analgetikum und Anästhetikum verwenden. Im ganzen Akupunktur-System können Unausgewogenheiten direkt behoben werden. Was aber noch wichtiger ist: Musik kann — wie wir gezeigt haben — der unbewußten negativen Einstellung, die uns ein Leben lang den Weg zu uns selbst, zu unsern Angehörigen und zur ganzen Welt verbaut, entgegenwirken. Nur Musik kann dies erreichen. Richtig angewendet und gezielt verstärkt, erzielt sie innerhalb von Minuten Ergebnisse, für die sonst vielleicht Jahre von Psychotherapie erforderlich wären.[26])

Wie ich anderswo dargelegt habe[27]), herrscht in uns allen fast von Geburt an bis zum Tod ein ständiger Konflikt zwischen den Kräften von Leben und Gesundheit und denen von Krankheit und Tod, ein endloser Kampf zwischen Liebe und Haß. Sobald die negativen Kräfte wirksam sind, nimmt die Krankheit überhand. Daher kommt es, daß wir meistens dann krank werden und schließlich sterben, wenn wir den Todeskräften nachgeben. Dieser Kampf in uns kann mit Musik gewonnen werden, da sie die Lebenskräfte aktiviert — daher sind seit Jahrtausenden Heilungen auf die Musik zurückgeführt worden. Sie aktiviert die Kraft, uns selbst und unsere Mitmenschen zu lieben. Von allen Formen der Kunst bewirkt dies nur die Musik allein so unmittelbar und direkt.

Sie bewirkt es, unabhängig davon, ob sie dem Zuhörer gefällt oder nicht, ob er sie versteht oder nicht, ob sie zu seiner Kultur gehört oder nicht. Das ist ihre Kraft. Ein indischer Raga kann uns heilen, das Didjeridu eines Eingeborenen oder das Lied eines Dakota-Indianers, und natürlich auch ein Bach, Beethoven, Schnabel oder Furtwängler. Dieses Wunder steht uns seit Jahrhunderten zur Verfügung. Es ist Teil unseres göttlichen Heilerbes. Es gehört uns, wann immer wir es wünschen.

Musik kann keinen Diabetes heilen, aber auch Insulin nicht, obwohl es die Symptome unter Kontrolle hält. Was Musik jedoch tun kann und Insulin nicht: sie stärkt unsere inneren Heilkräfte, vielleicht so sehr, daß sich die betroffenen Organe genügend erholen, um wieder von selbst funktionieren zu können. Sie stärkt die Lebensenergie und läßt die Kräfte der Liebe, die Kräfte des Lebens frei in uns fließen, sodaß wir uns selbst heilen können.

Große Musik haben Komponisten mit großer Liebe und starker Lebensenergie geschrieben, mit ihrem Herz. Wenn sie Menschen mit ebenso großem Herz und reiner Gesinnung spielen, die sich ganz dem Geist des Komponisten überlassen, hat sie unglaubliche Kraft. Dann ist sie im wahrsten Sinne des Wortes therapeutisch.

Ein Beispiel für die therapeutische Kraft der Musik

Dies sind die Aufzeichnungen der Herztöne eines Mannes, der kurze Zeit vorher eine Verengung der Herzkranzarterien erlitt. Die erste zeigt eine ausgeprägte Herzrhythmusstörung — man beachte den Dreierrhythmus. Diese Unregelmäßigkeit war trotz starker Medikamente während einigen Wochen geblieben. Auf der zweiten Aufzeichnung sieht man einen vollständigen Rückgang der Herzrhythmusstörung nach einigen Minuten geeigneter therapeutischer Musik.

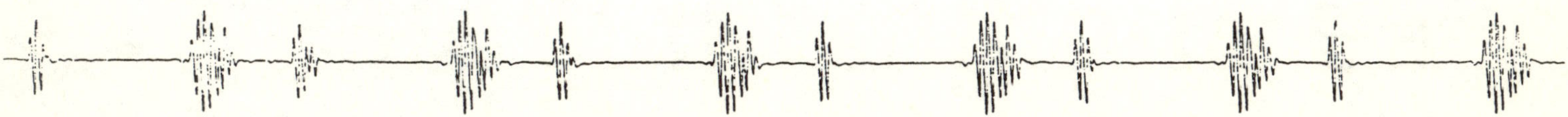

Die göttliche Aufgabe des Musikers

„Die höchste Gnade der Musik fließt aus den Gefühlen des Herzens."

Emmons

Ein Konzertsaal ist eigentlich ein Tempel. Hier werden die Gebete der großen Komponisten durch den Priesterdienst der Musiker zum Leben erweckt, um die Zuhörer geistig zu stärken.

Große Musik entsteht nicht im Kopf des Komponisten, sondern im Herz. Sie steht über allen Fragen der Methode, Form oder Gesetzlichkeit. Sie ist des Komponisten Gebet zu Gott, das auch seine Mitmenschen hören sollen. Sie ist sozusagen sein öffentliches Gebet. Er bekennt Gott sein eigenes Versagen und seine Nöte, und gleichzeitig läßt er auch uns davon wissen. Durch sein Gebet löst er die Spannungen und Disharmonien, die zwischen seinem Verständnis von sich, wie er jetzt ist, und der Wahrnehmung seines Entwicklungsziels bestehen. Er weiß sehr deutlich, wie weit er sich von seiner wirklichen Bestimmung entfernt hat. Er hat tiefen Einblick in seine inneren Disharmonien und sein inneres Versagen, und deutlicher als die meisten Menschen spürt er seinen wahren Weg. Seine Komposition ist sein Gebet, ein Bekenntnis seiner Mängel und Unzulänglichkeiten, und zugleich der Versuch, durch die Kraft seiner Seele und seines Herzens von innen her dem wahren Weg näher zu kommen, Gott näher zu kommen.

Gleichzeitig legt der Komponist den Mitmenschen auch sein Herz offen dar. Er bittet uns, sein Leiden und seinen Zwiespalt anzusehen, und in der Komposition den Versuch, seine inneren Widersprüche zu lösen und sich rein mit Gott zu vereinen. Wir erfahren dadurch Stärkung und Heilung, weil der Komponist mit seinem Problem nicht allein steht, weil es ein Aspekt des universalen Problems, des einzigen Problems ist — unserer Entfremdung von Gott. Jeder von uns ist auf seine eigene Art entfremdet. Aber die Ursachen und das Leiden und die Erlösung sind sich sehr ähnlich, wenn nicht überhaupt gleich. Und durch dieses öffentliche Gebet, dieses öffentliche Bekenntnis seines Getrenntseins von Gott, durch das öffentliche Suchen in seinem Herzen und seine Annäherung an Gott wird er zum Teil aus der Not erlöst. Vielleicht ist es nicht unser Weg, dieses Problem zu lösen, aber wenn wir uns dem Fluß dieses Gebetes überlassen, werden wir, wie der Komponist, Gott eher finden. Dies ist die heilige Gabe, die uns der Komponist anbietet. Sein öffentliches Gebet kann uns alle heilen.

Da jede Krankheit eine Entfremdung von Gott ist, dürfen wir die Musik als die große Therapie bezeichnen. Sie gehört in einen Tempel.

Ich denke jetzt auch an die Heiltempel von Äskulap. Die Leidenden gingen durch einen Prozeß der Inkubation, während dem sie am heiligen Ort schliefen. Priester umsorgten sie und begleiteten sie mit Musik und Poesie auf ihrem Weg zur Heilung.

Unsere Gesellschaft bringt leider Musik nicht mehr mit Heilung in Verbindung, aber die religiöse Verbindung ist geblieben. Man kann sich kaum einen Gottesdienst ohne Musik vorstellen, ohne daß sie die Stimme zu Gott erhebt und das Herz damit aufgeht, um den Geist, die göttliche Heilung aufzunehmen.

Anders als die Gebete Jesu, die Gebete des heiligen Franziskus oder von Jesaja kommt Musik erst zum Leben, wenn sie durch den Musiker neu erschaffen wird. Seine heilige Aufgabe besteht darin, das leblose Gebet des Komponisten zu beleben, auf daß sich das Volk an Gott erinnere, ihm näher komme und geheilt werde. Dies ist die priesterähnliche, katalytische Rolle des Musikers. Er muß das Gebet respektieren und seinem Wortlaut so getreu folgen wie ein Rabbi, wenn er Ezechiel liest. Er muß voll anerkennen, daß der Komponist Gott wahrer spürt und empfindet als die meisten von uns. Niemals dürfen seine persönlichen Vorstellungen oder seine eigene Not hineinfließen. Das Gebet ist der Schrei aus dem Herzen eines einzigen Menschen. Wird es getrübt oder verzerrt, kann es nicht mehr in seiner ursprünglichen, reinen Weise zu Gott singen. Der Priester soll die Liturgie nicht ausschmücken, sondern lediglich unverfälscht vermitteln.

Eine große Komposition muß so liebevoll und behutsam behandelt werden wie eine Heiligenreliquie, denn das ist sie eigentlich. Der Priester zeigt die Reliquie vor. Er verändert sie nicht. Er hält sie vor sich auf, damit wir sie sehen können, damit ihr Wunder uns alle stärken kann. Sie führt zu Gott hin. Auf ihre Art ist sie so heilig wie jedes reine Gebet zu Gott. Dies ist die unschätzbare, priesterähnliche, dienende Aufgabe des Musikers.

Die wahre Rolle des Tonmeisters

Die vielleicht größte Erfindung unserer Zeit ist das Tonband. Zum erstenmal in der Geschichte ist es möglich, Zeit einzufangen und aufzubewahren. Wir können alle klanglichen Äußerungen für immer erhalten. Wie anders wäre die Welt heute, wenn die Bergpredigt aufgenommen worden wäre — wenn man heute, zweitausend Jahre später, die Stimme Christi direkt hören könnte! Hätte es da je Krieg geben können? Hätte auf Erden je etwas anderes sein können als Liebe und Licht? Müßte ein Arzt noch auf andere Art behandeln, als dem Patienten an einem stillen, heiligen Ort die Stimme Christi, wie er zu Gott betete, zu hören geben?

Beethoven ist nicht Christus, auch Furtwängler nicht, aber beide gehören zu den heiligsten Gestalten der neueren Musikgeschichte des Abendlandes. Beethoven konnte noch nicht aufgenommen werden, als er seine eigenen Gebete las, aber gottseidank besitzen wir Aufnahmen von Furtwängler, dem größten aller Priester, der je Beethovens Gebete für uns gelesen hat. Beethovens Heilkraft kann uns jetzt erreichen, und wird auch weiterhin — so hoffe ich — die kommenden Generationen erreichen dank Furtwänglers völlig selbstlosem, völlig ergebenen Dienst an Beethoven und an Gott. So kann unser Leben und unsere Seele stets bereichert werden durch Beethoven, der gegen seine schrecklichen inneren Probleme und Disharmonie ankämpfte, um, so gut er konnte, auf seine Art Gott zu finden. Seine Gebete lagen geschrieben da, um vom hingebungsvollsten aller Priester zum Leben erweckt zu werden.

Diese Musik hat ein Tonmeister für uns bewahrt. Er hat Beethovens Klänge, die durch Furtwängler kamen, so eingefangen, daß wir sie für immer haben; daß wir nicht nur Furtwängler, sondern auch Beethoven — und durch ihn Gott — erkennen können. Dies ist die Aufgabe eines Tonmeisters, der seine Arbeit gern und mit Freude macht. Er ist ein Glied in der gottgegebenen, therapeutischen Kette, die sich vom Komponisten bis hin zu allen Menschen spannt. Ohne ihn erfahren nur ganz wenige Menschen eine Stärkung; dank seiner Arbeit steigt jedoch die Zahl derer, die geheilt werden können, ins Unendliche an, weil dies über Generationen weitergehen kann. Er ist für das Wohl der Menschheit tatsächlich von großer Bedeutung. Er ist sozusagen der Schreibdiener des Priesters. Er arbeitet im Studio mit dem Musiker zusammen, und so ist das Aufnahmestudio eigentlich das Heiligtum, das nur vom Priester und seinem Diakon betreten werden darf.

Darin besteht also die verantwortungsvolle Aufgabe des Tonmeisters: er ist der Diakon im Heiligtum. Wie sieht es aber heutzutage aus? Sein Heiligtum hat kein natürliches Licht, keine gute Luft. Es ist von Rauch erfüllt. Der Diakon sitzt inmitten von Kaffeetassen hinter einem riesigen Mischpult. Er hat Macht. Er hat Kontrolle. Wie kann er sich da noch als demütigen Diener Gottes sehen, der für seine Mitmenschen tätig ist und für den Musiker die notwendige Stimme der Wirklichkeit verkörpert? Er versteht sich nicht als das intime Publikum, als die momentane Gemeinde, die sich der Musiker vorstellt, wenn er sein Gebet anstimmt. Seine Gedanken sind bei den Mikrophonen und Kontrollhebeln und bei der Macht, die ihm durch das Mischpult verliehen ist. Wenn es ihm an Demut und Hingabe an seine heilige Aufgabe fehlt, kann das Gebet verzerrt werden, und im besten Fall ist es von begrenztem Wert.

Dies darf und muß nicht so sein. Die Aufgabe des Tonmeisters, des Schreibdieners, ist in ihrer Art ebenso wichtig wie die des Musikers, des Priesters, der das Gebet singt. Er stellt bei der Aufnahme die versammelte Gemeinde des

Priesters dar und muß den Musiker in jeder Weise ermutigen, seinen Gesang für ihn anzustimmen. Der Musiker kann im Aufnahmestudio so leicht die Zuhörer vergessen, und die Klänge fallen einfach zu Boden. Seine Hingabe kann verloren gehen. Der Tonmeister muß zum unmittelbar anwesenden Publikum werden, welchem der Musiker sein Herz öffnet. Dann kann die Musik werden und wachsen, nicht nur da, sondern auf der ganzen Welt und für alle Zeiten.

Die Aufgabe des Tonmeisters ist alles andere als passiv. Wie alle wahren Gemeindeglieder muß er tätig sein. Er muß die Erwartung haben, vom Musiker das Beste zu erhalten. Es muß ein glühender Wunsch in seinem Herzen sein, daß der Musiker das Gebet des Komponisten voll und ganz zum Leben bringe. Er muß alles tun, was in seiner Macht steht, dem Priester beim richtigen Rezitieren des Gebetes zu unterstützen. Je aktiver er helfen kann, desto eher kann er dazu beitragen, den Streß zu reduzieren und die Lebensenergie und Kreativität des Musikers zu verstärken, und desto besser fällt die Rezitation des Gebetes aus. Seine Aufgabe ist entscheidend und aktiv. Er ist ein wesentliches Glied in der therapeutischen Kette. Seine Arbeit dient nicht der Schallplattenfirma, sondern der ganzen Menschheit.

Der Dirigent und der Puls

Vor einiger Zeit arbeitete ich mit einer Opernsängerin, die mich um Hilfe ersucht hatte, weil sie nach ihren eigenen Worten bei ihren Auftritten unter einem unglaublichen Streß stand. Wir begannen mit der Arbeit an ihrer Atmung. Ich legte ihr meine Hände auf die unteren Rippen, damit ich ihre seitliche Ausdehnung spüren konnte, wenn sich das Zwerchfell zusammenzog. Ich fand einen glatten, vollen Rhythmus; beide Seiten bewegten sich gleichmäßig und synchron.

Auf meine Bitte hin sang sie nun „Happy Birthday", und der Rhythmus hielt sich. Als nächstes sollte sie die Arie singen, die sie zuletzt auf der Bühne gesungen hatte — und sofort stockte ihr Atem. Die Rippenbewegung hörte plötzlich auf, und als sie wieder einsetzte, war der Rhythmus unregelmäßig und asynchron. Die Sängerin stand jetzt unter Streß, und dies äußerte sich in ihrem veränderten Atmungsmuster. Wir wiederholten das Experiment, wobei sie diesmal an nichts anderes denken sollte, als die Arie zu singen — wieder mit demselben Resultat.

In gewisser Weise war sie sich dessen bereits bewußt, denn sie sagte: „Jedesmal, wenn mir der Dirigent das Zeichen zum Einsatz gibt, spüre ich, wie mein Atem stockt. Dann habe ich zu wenig Luft und bin gestreßt, solange ich singe." Wir testeten ihre Atmung, wobei sie in Gedanken dieselbe Arie sang — aber unter einem anderen Dirigenten. Diesmal stockte ihr Atem nicht. Sie rief aus: „Ja, natürlich! Bei bestimmten Dirigenten habe ich tatsächlich keine Atemschwierigkeiten." Die Erklärung ist einfach: Ist ein Dirigent selbst nicht gestreßt, kann er den Puls übertragen. Aber einem gestreßten Dirigenten gelingt es nicht, den Puls richtig zu übertragen, was die Atmung der Sängerin beeinträchtigt. Im Atemlänge-Test zeigt sich dies deutlich. Umgekehrt kann man bei einem energiestarken Dirigenten fast greifbar spüren, wie alle Musiker zusammen atmen. Der Puls überträgt sich auf die Zuhörer, die ebenfalls einstimmig zu atmen scheinen, und so atmen Dirigent, Orchester und Zuhörer mit dem Puls des Komponisten — alle miteinander.

Ich bat einst einen weltbekannten Pianisten, in Gedanken ein bestimmtes Klavierkonzert unter Furtwängler zu spielen. Er war im Test stark. Nun bat ich ihn, sich vorzustellen, er spiele dasselbe Konzert unter einem anderen sehr bekannten Dirigenten, und das Testergebnis war schwach. Wie Sie wahrscheinlich bereits erraten haben, zeigt unser Test, daß der zweite Dirigent wenig Energie hat. Der Test brachte ans Licht, was der Künstler vor dreißig Jahren seinem Unterbewußtsein eingeprägt hatte — Furtwängler war energiestark und der andere Dirigent nicht.

Es ist von enormer Bedeutung, daß ein Dirigent während des Konzertes nicht unter Streß steht, denn wenn er gestreßt ist, stört er die natürliche Atmung aller Musiker unter ihm. Der Puls, die eigentliche Seele und Vitalität der Musik, kann nicht frei fließen. Unter einem ungestreßten Dirigenten können hingegen sogar Musiker, die sonst beim Auftreten gestresst sind, über ihren eigenen Streß hinauswachsen, wenn sie seinen Puls aufnehmen — Grundvoraussetzung für ein energiestarkes, therapeutisches Konzert.

Eine Tennis-Analogie

Ich wollte vom Tennistrainer in meinem Klub einmal wissen, weshalb sowohl mein Sohn als auch ich so viel bessere Ballwechsel hatten, wenn wir gegen ihn spielten, als wenn wir gegeneinander spielten. Wenn wir gegen ihn spielen, sind die Ballwechsel viel länger und scheinen irgendwie fließender und schöner, und es gehen viel weniger Schläge daneben. Es entsteht gewissermaßen eine Koordination zwischen dem Trainer und jedem von uns, welche wir beide gegeneinander nicht zustande bringen. Wenn man ihm beim Spielen zuschaut, wird man fast an einen Tanz gemahnt. Der Ball scheint mühelos über das Netz zu gleiten — hin und her, dahin, dorthin, in diese Ecke, in jene Ecke. Auch die Spieler laufen gleichmäßig und mühelos. Das Spiel hat Schönheit und Poesie. Aber ein Spiel zwischen meinem Sohn und mir ist häßlich und unbefriedigend für uns beide.

Dies sei so, erklärte mir mein Trainer, weil er einen bestimmten Spielrhythmus anstrebe: „Sie werden gesehen haben, daß fast alle meine Schläge ungefähr die gleiche Länge habe. Ich versuche, einem Ballwechsel eine bestimmte Regelmäßigkeit und einen Rhythmus zu geben. Damit erreiche ich genau das, was Sie beobachtet haben."

Es ging mir plötzlich auf, daß dies sehr viel Ähnlichkeit mit der Rolle eines Dirigenten hat. Mein Sohn und ich sind beide nicht gut genug, um dem Spiel einen eigenen starken Rhythmus zu geben. Wir wissen aber, daß der Trainer dies kann, und so geben wir uns in seine Hände. Wir unterziehen uns seinem stärkeren Rhythmus, und solange wir dies tun, spielen wir besser als sonst. Ein Dirigent hat mir einmal gesagt, er wolle den Musiker dazu bringen, im Spiel über sich selbst hinauszuwachsen. Und genau das macht mein Trainer auch. Wenn ich gegen ihn spiele, nehme ich seinen Rhythmus an und kann meine eigenen Grenzen überschreiten.

Zeitweise sind jedoch die Ballwechsel mit demselben Trainer unbefriedigend, und ich fühle mich sehr rasch müde und erschöpft. Es stimmt etwas nicht. Ich versuchte schon, allem möglichen die Schuld zuzuschieben, von meiner körperlichen Verfassung über den Tennisball bis hin zur Beleuchtung und so weiter. Ich weiß genau, daß etwas nicht stimmt. Es fließt nicht. Es hat keinen Rhythmus. Ich spiele dann nicht einmal so gut wie sonst, ganz zu schweigen von den Fähigkeiten, die ich normalerweise im Spiel mit ihm entwickeln kann. Endlich kam ich der Sache auf die Spur.

Wieder einmal war so ein scheußlicher Tag. Nach dem Spiel erzählt mir mein Trainer, daß er den vergangenen Abend größtenteils mit Trinken zugebracht hatte, er war ausgelaugt. Ich dachte zurück und stellte fest, daß die Spiele meistens dann unrhythmisch und häßlich gewesen waren, wenn die Lebensenergie des Profi aus dem einen oder anderen Grund reduziert war. Ich hatte seinen Rhythmus und Puls übernommen, und wenn also seine Lebensenergie schwach war, zog er auch meine Lebensenergie mit nach unten und zerstörte jeden Rhythmus, den ich selbst noch hatte.

Immer wieder höre ich von energiestarken Orchestermusikern, daß sie sich nach einem Konzert unter bestimmten Dirigenten müde und lustlos fühlten. Und jedesmal stellt sich im Test heraus, daß diese Dirigenten wenig Energie haben. Berichten die Musiker anderseits, sie hätten unter einem Dirigenten weit besser als sonst gespielt, erweist sich dieser im Test natürlich stark. Ähnlich, wie man von Vaughan Williams sagte, wenn er dirigierte: „Er holt aus dir heraus, was deiner Meinung nach gar nicht vorhanden ist.“[28])

Leider stehen die meisten Dirigenten stark unter Streß und haben deshalb wenig Lebensenergie. Mit den Jahren saugen sie die Lebensenergie und Vitalität der Musiker, die sich ihrem Puls unterzogen haben, aus. Dies ist eine der

Ursachen, weshalb die meisten Orchestermusiker alle Liebe zur Musik verloren zu haben scheinen. Sie ist zu einem Beruf wie jeder andere geworden. Sie reden nicht mit Liebe und Begeistung von ihrem Beruf — es ist einfach Arbeit. Und so sind die meisten im Test schwach bei der Vorstellung, Musik zu machen, oder was noch trauriger ist, sogar bei der Vorstellung, Musik zu hören. Die Liebe und Begeistung für die Musik sind verschwunden. Eine der Haupttätigkeiten am Institute for the Enhancement of Life Energy and Creativity besteht darin, diese Liebe zur Musik im Musiker wieder zu wecken. So kann er allmählich seinen Puls und Atemrhythmus verbessern; gegenüber einem energieschwachen Dirigenten wird er immun, und mit einem energiestarken Dirigenten kann er zu den höchsten Höhen fliegen. Wenn einmal das Pulsieren seiner Energie wieder aktiviert worden ist, wenn er die Musik wieder zutiefst liebt wie als Kind, wenn die Musik ihn wieder wie damals begeistern und sein Herz öffnen kann, dann wird er zu einer Kraft des Guten in der Welt.

Die Übertragung des Pulses

Das Hauptziel jedes Musikers muß darin bestehen, die Lebensenergie seiner Zuhörer zu stärken. Dieses Ziel habe ich auch, wenn ich jetzt für Sie schreibe. Was ich schreibe, ist vielleicht nicht fehlerfrei, es ist vielleicht voller „falscher Töne", gewisse Abschnitte erscheinen vielleicht sogar unlogisch — aber ich versuche, möglichst so zu schreiben, daß Ihre Lebensenergie beim Lesen gestärkt wird. Ebenso versuche ich jeweils bei meinen Vorträgen und Seminaren so zu sprechen, daß Sie beim Zuhören gestärkt werden. Jeder Schriftsteller, Komponist oder Musiker sollte dieses Ziel ständig anstreben; überhaupt jeder, der kommuniziert. Dazu gehört alle Art von Kommunikation, ob formell oder informell, mit unserer Familie, mit unseren Nachbarn oder mit der Gemeinschaft im Großen.

Solange der Musiker dies anstrebt, kann er den Puls rein übertragen. Persönliche Eitelkeit wird sein Spiel kaum oder gar nicht beeinflussen. Aus einem Gedanken wie zum Beispiel: „Hör, wie gut ich spiele. Bin ich nicht großartig?" wird dann vielleicht: „Hör die wunderbare Botschaft, die ich dir bringen darf!" Ich habe in der Geschichte von Kevin gezeigt, daß wenn er sich beim Spielen darauf konzentriert, die Energie seiner Mutter zu stärken, dies auch wirklich geschieht. Auch wenn jemand will, daß seine Stimme eine therapeutische Wirkung hat und die Energie seines Gesprächspartners stärkt, wird es geschehen. Wenn Sie Musiker sind, ist es wesentlich, daß Sie mit offenem und gebendem Herz üben. Und es ist natürlich von größter Bedeutung, wenn Sie öffentlich auftreten. Spielen Sie ohne Angst vor einem Fehler, spielen Sie ohne Gedanken an Ihre eigene Größe, spielen Sie nur mit dem einzigen Gedanken, die Liebesbotschaft des Komponisten an die Zuhörer weiterzugeben, nur mit einem einzigen Wunsch, ihnen durch Ihre Hilfe innere Stärkung zukommen zu lassen.

Stellen Sie sich ein Orchester vor, in dem nicht nur der Dirigent, sondern alle Musiker energiestark sind. Dies ist vermutlich noch nie vorgekommen, aber es ist durchaus denkbar. Dann könnten wir in nie gekannter Weise die Musik in ihrer ganzen Herrlichkeit erfahren.

Wenn Sie Komponist sind, denken Sie beim Komponieren weder an ein formales System noch daran, ob dieser Stil Ihnen Geld einbringen wird oder ähnliches. Denken Sie einzig daran, der Welt reine, energiespendende Liebe zu schenken. Dies ist Ihre Pflicht.

Und was können Sie als Zuhörer tun? Je mehr Liebe und Dankbarkeit Sie dem Interpreten und dem Komponist entgegenbringen, desto mehr werden Sie aufnehmen können. Sie müssen ihnen zu verstehen geben: „Für mich zählt nichts außer dem reinen Puls. Ich möchte nichts anderes als innere Stärkung. Ich brauche keinen Nervenkitzel, keine seichte Unterhaltung. Ich brauche auch keine Sentimentalitäten, Primadonna-Vorstellungen oder Egotrips. Ich will den reinen Puls der Liebe.“ So können Sie die wahre Aufgabe des Musikers fördern — die Liebe weiterzugeben. Nur das ist in der Musik von Bedeutung, nur das ist auch im Leben wirklich von Bedeutung.

Im Moment leben

Tschaikowski hat einmal gesagt, Musik sei eine Zusammensetzung aus wichtigen Stellen mit Füllwerk dazwischen. Vielleicht ist es diese Auffassung mit ihren Auswirkungen auf sein Werk, daß er im Test nicht als besonders energiestarker Komponist erscheint.

Mit Hilfe von Tschaikowskis Definition können wir aber deutlicher erkennen, wie sich ein energiestarker Musiker von einem gestreßten Musiker unterscheidet, der die in der Musik potentiell vorhandene Energie nicht voll übertragen kann. Ein gestreßter Musiker vermittelt den Eindruck, er schwinge sich von einem Höhepunkt zum andern und schenke den Stellen dazwischen — Tschaikowskis Füllwerk — wenig Aufmerksamkeit; diese Stellen sind natürlich bei einem großen Komponisten alles andere als Füllwerk und tatsächlich ebenso wichtig, wenn nicht sogar in mancher Hinsicht wichtiger als „der große Paukenschlag". Auch wenn man einem energiestarken Interpreten zuhört, gewinnt man bald den Eindruck, daß diese anscheinend unwichtigen Stellen ebenso viel Gewicht erhalten wie die offenkundig wichtigeren.

Darin äußert sich ein Gefühl, das wir „im Moment leben" nennen; der Musiker konzentriert sich mit völliger Hingabe auf den Ton, den er gerade spielt. Nichts scheint ihn zum nächsten Höhepunkt weiterzutreiben. Er achtet sorgfältig auf jedes einzelne Wort, wenn er das Gebet des Komponisten als Ganzes wiedergibt.

Dasselbe zeigt sich, wenn wir Menschen bei der Erfüllung von einfachen Aufgaben testen. Ich bitte zum Beispiel jemanden, zu einem Stuhl auf der anderen Seite des Raumes hinzugehen. Teste ich ihn, wenn er dort ist, ist das Ergebnis schwach. Die Anstrengung hat ihn gestreßt. Bitte ich ihn aber, seine Absicht nicht darauf zu richten, beim Stuhl anzukommen, sondern unterwegs auf jeden Schritt und auf jeden Teil dieses Schrittes zu achten, gewinnt er durch diesen Prozeß Energie.

Genau so ist es in der Musik. Wenn man vollkommen im Moment leben kann, ist die Musik energiestark. Kämpft man sich hingegen von einem Höhepunkt zum andern vor, ist das Spiel stark gestreßt und hat wenig Energie. Der Atem kann nicht frei fließen.

Dabei kann man eine paradoxe Erscheinung beobachten. Wer auf jeden einzelnen Aspekt jedes Schrittes achtet, hat meistens ein höheres Ziel als nur gerade zum Stuhl auf der anderen Seite des Zimmers hinzugehen. Dies zeigt sich in folgender Weise. Sagt sich jemand, bevor er zum Stuhl hinzugehen beginnt: „Es ist nicht wichtig, daß ich beim Stuhl ankomme. Wichtig ist, daß ich dort energiestark ankomme", gelingt es ihm, und man kann sehen, daß er unterwegs jeden Schritt wichtig nimmt.

Dasselbe empfinden wir, wenn wir einen sehr energiestarken Musiker, wie zum Beispiel Furtwängler, hören. Man erhält nicht den Eindruck, daß er von einem Nahziel zum andern lebt, sondern viel eher, daß er ein allumfassendes Ziel hat, nämlich den Puls des Komponisten[30]) möglichst rein zu übertragen, das Ganze möglichst deutlich darzustellen. Er befaßt sich mit dem Gesamten, nicht mit besonders aufregenden einzelnen Stellen, deretwegen wir gekommen sind. Und doch finden wir gleichzeitig eine unendliche Aufmerksamkeit für jedes Detail in jedem Moment. Eigenartigerweise gehören diese beiden Widersprüche zusammen — im Moment leben, jeden Augenblick den Puls voll zu übernehmen und das übergeordnete Ziel: das Herz des Komponisten.

Die Gruppendynamik bei Musikern — zwei Beispiele

In jeder musikalischen Formation, vom Duo bis zum großen Symphonieorchester, wird der Energiepegel durch eine einzige Person der Gruppe bestimmt, unabhängig davon, ob sie eine leitende Funktion hat oder nicht. Ihr Energiepegel wirkt auf die Pulsübertragung der Gruppe bestimmend.

In einem Orchester wird dieser Energiepegel ausnahmslos durch den Dirigenten bestimmt, und deshalb kann ein und dasselbe Orchester je nach Energiestärke des jeweiligen Dirigenten im Test ganz verschiedene Energiestärken aufweisen.

Aber wie ist es in einer kleinen Gruppe? Nehmen wir als Beispiel ein ausgezeichnetes Klaviertrio, welches im Test energiestark ist. Aufnahmen vom Geiger und Cellisten allein zeigen keine starke Energie, die des Pianisten sind jedoch energiestark. Dieser hohe Energiepegel des Pianisten stärkt vermutlich zuerst die Energie der andern beiden Musiker, und unter seiner Führung können sie dann den Puls rein übertragen.

Betrachten wir nun das Budapester Streichquartett anhand seiner Aufnahmen. Es liegen grundsätzlich drei Aufnahmeserien vor — eine aus den 78er-Tagen, eine aus der Zeit des Mono und eine letzte Serie in Stereo. Die 78er- und die Stereo-Aufnahmen haben beide einen hohen Energiepegel, aber die Mono-Aufnahmen sind energieschwach. Wie kommt das? Die wichtigste Änderung in der Besetzung zwischen den 78- und den Mono-Aufnahmen bestand darin, daß der zweite Geiger Alexander Schneider durch Jac Gorodetzki ersetzt wurde. Die Stereo-Aufnahmen, die ebenfalls energiestark sind, kennzeichnen Schneiders

Rückkehr zum Quartett an die Stelle von Gorodetzki. Diese Beobachtung ist besonders ungewöhnlich, weil hier die schwache Energie des zweiten Geigers den Energiepegel des Quartetts bestimmte und sogar die Energie des Leaders, des ersten Geigers überdeckte.

Von Interesse ist auch die Feststellung, daß vergleichsweise mehr Streichquartette energiestark sind als irgendeine andere Kammerformation.

Musik und Körperhaltung

Von unseren zahlreichen Untersuchungen über die äußere und innere Haltung der Musiker liegen so viele Ergebnisse vor, daß es nicht möglich ist, sie auch nur zusammenzufassen. Ich möchte deshalb einfach ein Beispiel geben.

Ich habe die Musik eines weltbekannten Flötisten immer wieder getestet. Er setzte, wie fast alle Flötisten, seine Zuhörer unter Streß. Dieser Streß betraf im besonderen den Dreifachen Erwärmer-Meridian, der mit der Schilddrüse in Verbindung steht. Und natürlich konnte ich feststellen, daß er selbst unter demselben Streß stand — und daß er seinen spezifischen Meridianstreß auf die Zuhörer übertrug.

Eine bestimmte Körperhaltung schwächt bei den meisten Menschen den Dreifachen Erwärmer-Meridian: wenn man den Kopf zur Seite neigt. Dies ist eine charakteristische Haltung von deprimierten Menschen; und umgekehrt ist Depression die negative Auswirkung eines schlecht funktionierenden Dreifachen Erwärmer-Meridians.

Ich machte die Beobachtung, daß der Flötist, dessen Musik ich testete, beim Spielen den Kopf ständig zur Seite neigte. Deshalb bat ich ihn, den Kopf einmal gerade zu halten und dann dieselbe Stelle nochmals zu spielen. Wie durch ein Wunder wurden jetzt seine Zuhörer nicht nur nicht geschwächt, sondern sogar deutlich gestärkt. Ihre Lebensenergie — und auch seine — war durch diese einfache Korrektur der Haltung positiv beeinflußt worden.

Beinahe alle Flötisten neigen ihren Kopf zur Seite. Vielleicht ist dies der Grund, weshalb im Test so wenige von ihnen energiestark sind. Es könnte auch erklären, weshalb fast alle, die ich untersuchte, eine Unterfunktion der Schilddrüse aufweisen.

Es gibt auch grundsätzlich instrumentbezogene Probleme, denn jedes Instrument hat sein eigenes, spezifisches Streßpotential in Bezug auf die Körperhaltung, mit der es gespielt werden muß. Wenn wir also mit einem Musiker arbeiten, um seine Lebensenergie zu verstärken, müssen wir immer auch mit seinem Körpergebrauch arbeiten.[31])

Gedanken auf dem Podium

Vielen Berufsmusikern habe ich die Frage gestellt, woran sie denken, wenn sie ein Konzert geben. Die Antworten sind überraschend. Viele denken besorgt an eine schwierige Stelle, die bevorsteht. Sie fürchten dieses verfluchte Unheil, eine falsche Note.

Viele haben eitle Gedanken — wie wundervoll doch ihre Musik klingt (anstatt wie schön die Musik ist). Einige denken an ganz bestimmte Zuhörer. Vladimir de Pachmann pflegte in Gedanken mit hübschen Mädchen im Publikum zu plaudern.

Viele haben zuweilen auch Gedanken, die überhaupt nichts mit Musik zu tun haben — was sie morgen oder in den nächsten Ferien tun werden oder ähnliches. Sie spielen rein mechanisch.

Meine Beobachtungen zeigen, daß kaum ein Musiker wirklich ganz in die Musik eintaucht und eins mit ihr ist. Ein Teil in ihm hindert ihn daran, sich ihr völlig hinzugeben.

Selten findet man ein völliges Aufgehen in der Musik; dies sind dann aber Musiker, die sich ganz darauf konzentrieren, die Zuhörer mit der Musik innerlich zu stärken. Ein solcher Musiker versteht sich als ergebener Diener der Musik, er sieht seine Aufgabe in der Vermittlung ihrer Liebesbotschaft. Ein solcher Musiker ist frei vom üblichen Streß beim Auftreten. Er überträgt den Puls der Musik, und wir alle werden bereichert durch diese Erfahrung.

Das Selbstwertgefühl des Musikers

Haben Sie sich auch schon darüber gewundert, weshalb so viele Musiker ihre eigenen Aufnahmen nicht gern hören?

Wir wollen dieses Problem am Beispiel eines hochbegabten Flötenbauers betrachten, dessen Bekanntschaft ich machen durfte. Wenn ich ihn bitte, ein Stück Holz zu betrachten, aus dem er eine Flöte bauen will, und ihn dabei teste, ist er stark. Bitte ich ihn, die fertige Flöte eines anderen Flötenbauers zu betrachten, ist er ebenfalls stark. Betrachtet er jedoch eine Flöte, die er selbst gebaut hat — ist er schwach! Und dies gilt für jedes Instrument, das er hergestellt hat. Es macht den Anschein, als ob er seine eigenen Produkte nicht schätzen würde, obwohl andere dies im hohen Maße tun.

Wenn ich einen Musiker auffordere, beim Test an eine seiner Schallplatten zu denken, ist das Testergebnis fast immer schwach — nicht aber, wenn er an eine fremde Aufnahme denkt. Auch Komponisten sind im Test schwach, wenn sie an ihre eigenen Kompositionen denken, nicht aber, wenn sie an die Werke eines anderen Komponisten denken.

Es scheint, daß sie ihre eigenen Produkte nicht anerkennen.[32]) Sie empfinden grundsätzlich nicht den berechtigten Stolz, auf das, was sie tun. Sie haben eine geringe Meinung von dem, was sie leisten. Doch das ist nicht wahre Demut. Das ist eine Erniedrigung ihres wirklichen Wertes.

Ich habe viele Musiker, die zahlreiche Aufnahmen gemacht haben, getestet, und bei den meisten fiel das Ergebnis so aus — natürlich nicht bei allen, aber doch bei sehr vielen. Diese Geringschätzung kann auch nicht durch

Anerkennung in Kritik und Öffentlichkeit überwunden werden. Sie zieht sich zudem manchmal durch eine ganze Berufskarriere hindurch und schadet sowohl dem Künstler als auch all denen, die seine Musik hören oder seine Instrumente spielen.

Die Ursachen für diese negative Einstellung sind tief in unseren Kindheitserlebnissen zu suchen, in unserem allerfrühesten Verhältnis zu den Erzeugnissen unseres Körpers.[33]) Dies beeinflußt während des ganzen Lebens unser Verhältnis zu allem, was wir erzeugen — Musik, Instrumente, Arbeit.

Auch wenn dieses Problem vielleicht schon während Jahren unbewußt bestanden hat, kann es behoben werden, und zwar durch eine positivere Grundhaltung und mit Hilfe von natürlichen Wirkstoffen. In der Folge wird der Instrumentenbauer bei der Betrachtung seiner Instrumente oder in Gedanken daran im Test stark sein. Auch der Komponist wird stark sein, wenn er an seine eigenen Werke denkt. Und der Musiker wird sich beim Gedanken an ein eigenes Konzert oder eine eigene Aufnahme im Test stark erweisen. Er schätzt jetzt das, was er tut. So wird er weniger gestreßt, und wir erhalten aus dem, was er erzeugt, mehr Energie.

Sobald es zu einer Streßsituation kommt, wie etwa bei Aufnahmen oder bei der Herstellung eines speziellen neuen Instruments, neigt die alte negative Haltung dazu, sich wieder zu zeigen. Die Situation kann durch eine positive Einstellung, unterstützt durch die natürlichen Wirkstoffe, bewältigt werden. Hätte Brahms dies gemacht, hätte er vielleicht seine Werke richtig eingeschätzt und nicht so viele von ihnen zerstört. Weil er von seinem eigenen Wert so wenig hielt, haben wir alle einen Verlust erlitten.

Vier grundsätzliche Fragen an den Musiker

Wenn ein Berufsmusiker zu mir kommt, mache ich jeweils am Anfang folgenden einfachen Test:

1. Ich teste ihn, während er sein Instrument betrachtet. Fast immer ist das Testergebnis schwach! Er schaut mich dann überrascht und erstaunt an, denn es beginnt ihm langsam klar zu werden, wie sehr die Musik ihn wirklich streßt.
2. Ich teste ihn, wenn er sagt: „Ich liebe die Musik." Dann ist meistens seine Überraschung noch größer, wenn das Testergebnis wieder schwach ist. Sagt er hingegen beim Test: „Ich mag Musik nicht", ist das Testergebnis stark!
3. Dann teste ich ihn, wenn er an eines seiner Konzerte oder an eine seiner Aufnahmen denkt. Wieder ist in der Regel das Testergebnis schwach. Er schätzt seine Arbeit nicht.
4. Als nächstes teste ich ihn bei der Vorstellung, er gebe ein ein Konzert, und es beginne im nächsten Moment. Oft ergibt sich nun als Testergebnis das sogenannte Nabel-Problem[34]) — öffentlich aufzutreten verursacht ihm nicht nur Streß, es macht ihn unbewußt wütend.

Selbstverständlich bestehen viele Musiker alle diese Tests — aber eben die meisten nicht. Sie sind durch ihre Arbeit so gestreßt, daß sie sie nicht mehr lieben. All die schönen Gründe, die sie einst dazu bewogen, ihr geliebtes Instrument zu wählen und während tausend und aber tausend Stunden zu üben, sind weg. Die Liebe und die Freude sind gestorben. Es ist nun ein hochgestreßter Broterwerb wie jeder andere. Das gilt aber nicht nur für die Musik. Es ist leider das Schicksal von fast allen Profis. In der Musik ist es aber besonders traurig, weil ein ungestreßter Musiker so viel mehr für die Welt tun kann.

Die meisten Musiker sind der Auffassung, die Musik immer noch zu lieben. Das Traurige besteht zum Teil darin, daß sie es nicht merken, wenn diese Liebe infolge des ständig wachsenden Stresses einer heutigen Berufskarriere schwindet. Da liegt der Vorteil dieses Tests. Er deckt auf, was man wirklich glaubt, und nicht, was man zu glauben meint.

Diese negative Einstellung als Resultat von Streß, Ernüchterung und Gleichgültigkeit gegenüber der Musik und dem Musizieren kann man verändern, aber zuerst muß man sie überhaupt erkennen.

Eine sehr energiestarke Aufnahme

Die energiestärkste Aufnahme von den 25.000 Aufnahmen, die ich getestet habe, stammt von einer sechzehnjährigen Patientin, die nicht nur geistig und körperlich zurückgeblieben war, sondern in ihrer frühen Kindheit auch stark autistische Züge hatte. Davon wurde sie durch die aufopfernde Liebe und Pflege ihrer älteren Schwestern geheilt.

Katrin spielte leidenschaftlich gern Mundharmonika. Sie spielte jeden Tag stundenlang — so lang, daß sich ein chronischer Ausschlag um ihren Mund herum bildete. Sie hielt das Instrument nicht, wie es im Buche stand — sie konnte ohnehin nicht lesen — , sondern packte es wie ein Riesensandwich mit der ganzen Faust. Sie wußte nicht, wo die verschiedenen Töne waren, und natürlich konnte sie auch nicht Noten lesen. So spielte sie wirklich nie etwas anderes als ihre eigenen spontanen Erfindungen.

Wie fast alles, was sie spielte, war die Musik, die ich aufnahm, an ihre Schwester Susie gerichtet, die sie zärtlich und dankbar liebte. Sie spielte mit einer ungeheuren Begeisterung und Leidenschaft, und es strömte nur so aus ihrem Herzen. Sie begann dabei zu tanzen und rief immer dazwischen: „Gefällt es dir, Susie?“ Ihre Melodien waren deutlicher Ausdruck von Liebe und Dankbarkeit. Plötzlich hielt sie mitten in einer sehr rhythmischen und intensiven Stelle inne und äußerte Susie gegenüber die unglaublichsten Laute.

Ich habe seither diese Aufnahme vielen Leuten vorgespielt, und fast alle sind davon beeindruckt: man kann den Zauber und die Heilkraft, die sie enthält, förmlich spüren. Und doch rümpfen manchmal gewisse Musiker auch die

Nase und schauen mich erstaunt an, daß ich ihnen dies vorspiele. Diese Musiker haben vergessen, worum es in der Musik wirklich geht. Die meisten nicken jedoch stumm dazu und erinnern sich, daß sie vor langer Zeit genau so spielen wollten, und sie werden gewahr, daß sie das tief in ihrem Innersten auch jetzt noch möchten.

Ein Dirigent muß diese ansteckende Liebe zur Musik haben, um die Orchestermusiker zu inspirieren. Sein Testergebnis muß stark sein, wenn er sagt: „Ich liebe die Musik", und er muß als erstes diese Liebe in den Musikern wieder entfachen, die so gestreßt und überarbeitet, abgestumpft und gelangweilt sind, weil sie dasselbe Werk immer und immer wieder spielen müssen. Ich war zum Beispiel kürzlich an einer Probe zugegen, als der Dirigent zum Orchester sagte: „Wenn Sie jetzt auf ihre zehnminütige Pause verzichten können, haben wir Zeit, dieses Stück auch noch zu proben. Sonst nicht. Die Entscheidung liegt bei Ihnen." Sofort sprang einer der Musiker auf, ging zum Podium und verkündete: „Sie wissen doch, daß wir einen Vertrag haben." Dabei steckte er sich eine Zigarette an. Der Dirigent muß mit seiner eigenen Liebe zur Musik dieser lustlosen Einstellung der Orchestermusiker begegnen und sie innerlich stärken. Dann werden sie wie Katrin die Musik aus ihrem Herzen fließen lassen.

Die Pflicht des Musiklehrers

Zurecht werden Sie jetzt vielleicht fragen: „Wenn die Musik doch, wie Sie wiederholt in diesem Buch gezeigt haben, so viel therapeutische Kraft hat und unsere Lebensenergie dermaßen stärkt — wie kommt es dann, daß manche Musiker so viele Probleme haben? Sie haben Lampenfieber, ihr Ego mischt sich ein und hindert sie daran, den Puls zu übertragen, die Musik sagt ihnen nichts mehr, sie schätzen ihre eigene Musik nicht mehr, ja sie können sogar beim bloßen Gedanken, spielen zu müssen, unbewußt wütend werden. Wenn Musik so therapeutisch ist, warum hat sie dann eine derart negative Auswirkung auf die Menschen, die mit dieser Therapie arbeiten?“

Ich glaube, daran sind zwei wesentliche Faktoren beteiligt. Betrachten wir vorerst das folgende. Die Musik von sehr kleinen Kindern, die nach der Suzuki-Methode unterrichtet werden, erweist sich als transzendent. Sie übersprudelt vor Lebensenergie wie kaum eine andere Musik auf der Welt.[35]) Testet man hingegen das Spiel ihrer Lehrer, wird man meistens feststellen, daß es in hohem Maße gestreßt ist und wenig Lebensenergie hat.

Jedes Kind beginnt mit einer überschäumenden Liebe zur Musik, die direkt aus dem Herzen kommt. Leider wird diese aber schrittweise durch die meist abscheulichen Systeme musikalischer Erziehung zugrunde gerichtet.

Was davon noch übriggeblieben ist, wird alsdann durch den Hochleistungs- und Technologiestreß im Musikleben von heute zerstört — der Druck, ständig konzertieren zu müssen, das Wettbewerbsdenken und der Überlebenskampf in dieser harten Geschäftswelt, zu der Musik sich entwickelt hat. Es ist ein Beweis für den ungeheuren Streß, der auf den Musikern lastet, daß so viele trotz der unwahrscheinlich energiefördernden Kräfte ihrer Musik beim Test wenig Lebensenergie aufweisen.

Leider können wir die Musik nicht von diesem ständig wachsenden kommerziellen Streß befreien. Aber wir können eine einsichtigere Musikerziehung erwarten, bei der man sich bewußt bleibt, daß die kostbarste Begabung eines jungen Musikers seine glühende Liebe zur Musik ist. Diese Liebe darf nie zum Erlöschen kommen, sie muß stets Nahrung und Auftrieb erhalten. Dies muß die heilige Pflicht eines jeden Musiklehrers sein.

Wenn die Zuhörer husten

Wir alle, Zuhörer und Musiker, haben uns schon oft am Husten im Publikum gestört. Nichts vermag in einem Konzert den magischen Bann der Musik so sehr zu brechen wie ein plötzlicher Hustenanfall. Ich habe viele Leute um ihre Meinung gebeten, weshalb wohl dieser Husten beim Konzert überhaupt auftritt. Fast alle stimmen mit mir überein, daß nämlich meistens mehr dahintersteckt als bloß eine Erkältung oder Halsschmerzen.

Ich habe auch Leute befragt, die im Konzert gehustet haben. Die meisten sind selbst verwundert darüber, daß sie gehustet haben. Ein Konzerthuster meinte: „Vorher war doch mein Hals in Ordnung, ich hatte weder den Husten noch eine Erkältung. Ich hatte ja gar keinen Grund zum Husten."

Ich kann mittlerweile mit ziemlicher Treffsicherheit den Konzertbesucher ermitteln, der husten wird. Häufig blättert er vorher raschelnd in seinem Programm, oder er verändert geräuschvoll seine Sitzhaltung, oftmals beginnt er sogar zu reden. Nachdem er dann normalerweise für kurze Zeit völlig bewegungslos und still war, platzt unvermittelt ein Husten heraus. Solche Menschen scheinen Lärm machen zu wollen.

Es gibt, wie wir wissen, neben dem Husten noch andere mit Geräuschen verbundene Ablenkungsmöglichkeiten — meistens würden wir sie, wenn wir nachsichtig sind, als gedankenlose, eigennützige Handlungen bezeichnen. Gingen wir der Sache jedoch ein wenig gründlicher nach, müßten wir sagen, daß sie eine Art Versuch sind, den Bann zu brechen. Ich denke jetzt nicht nur an das geräuschvolle Hin- und Herrutschen auf dem Sitz, sondern auch ans Rascheln mit dem Programm (soviel ich weiß, waren Toscaninis NBC-Programme auf Seide gedruckt, damit sie keinen

Lärm machten). Ich denke auch an das Knistern beim Auspacken von Bonbons. Ich kann mich an Konzerte erinnern, wo Frauen in meiner Nähe ihre Handtasche öffneten und sie geräuschvoll neu einräumten, wozu sie den ganzen Inhalt auf ihrem Schoß ausbreiteten. Sie wollten offensichtlich die Musik gar nicht hören, und sie wollten offensichtlich auch nicht, daß die anderen sie hörten. Es fällt mir auch die Aufnahme einer großartigen Aufführung von Mahlers Fünfter Symphonie ein. Genau bei der erhebendsten Adagio-Stelle schneuzt sich jemand überlaut die Nase.

In vielen Konzertsälen, wie zum Beispiel in der Carnegie Hall, kann man auch die Platzanweiser hören, wie sie unter Lärm die Türen öffnen und schließen und herumgehen. Sie haben kein Interesse an der Musik, und es macht den Anschein, als ob sie auch unser Interesse zerstören wollten.

Sie halten mich jetzt vielleicht für übermäßig kritisch, wenn ich sage, ich sei überzeugt davon, daß im Husten und den anderen Geräuschen ein zerstörerisches Element liegt, aber ist es nicht genau das, was auch Sie empfinden? Ärgern Sie sich nicht auch? Lassen Sie mich einige weitere Beobachtungen beifügen.

Bestimmt haben Sie auch schon miterlebt, wie sich jemand, der nicht mehr aufhören kann zu husten, umständlich erhebt und in einer Art aus dem Konzertsaal hastet, die noch viel verheerender ist als sein Husten. Oder wie die Leute dann, wenn ihr Husten endlich aufgehört hat, unter lautem Knistern ihre Hustenbonbons auspacken? Und zudem, wie kommt es, daß sie überhaupt Hustenbonbons dabei haben? Wenn man sie danach fragt, lautet die Antwort meistens, daß es nicht etwa deswegen sei, weil sie schon vor dem Konzert husteten, sondern weil sie wüßten, daß sie im Konzert zu Husten neigen. Dies ist ein immer wiederkehrendes Muster. Und was ist mit den Leuten, die wirklich einen Grund zum Husten haben? Ein einigermaßen vernünftiger Mensch, der schon vor dem Konzert den

Husten hatte, wird ziemlich sicher aus Rücksicht auf Publikum und Musiker überhaupt nicht hingehen.

Am überzeugendsten aber ist meiner Meinung nach eine Beobachtung, die Sie bestimmt auch schon gemacht haben: es wird fast nur während der piano-Stellen gehustet, dann, wenn man es am besten hören kann, dann, wenn es am meisten stört.

Ich saß einst in einem Konzert neben einem Pianisten. Wann immer sich eine Gelegenheit bot, äußerte er laute Bemerkungen und kritisierte den Solisten, der ebenfalls Pianist war. Er ließ mich wissen, wie viel besser er dieses Werk dort oben auf dem Podium spielen würde, wenn man ihm nur die Gelegenheit dazu böte. Dann bekam er einen lauten Hustenanfall, der gewiss den Pianisten ebenso störte wie uns. Ich bin überzeugt, daß dieser Husten seinem Neid auf den Solisten und seinem Wunsch, dessen schönes Spiel zu stören, entsprang. Er versuchte, die Musik mit einem einzigen Laut, den das Publikum ungestraft äußern darf, zu zerstören: er hustete. Sein Neid äußerte sich so: „Wenn schon ich nicht da oben spielen kann, soll auch er nicht.“ Dies mag auch erklären, weshalb ich es noch nie erlebt habe, daß ein Musiker auf dem Konzertpodium husten mußte.

Ich glaube, es geht hier um zwei Dinge: Erstens können die Musiker spielen und haben deswegen weniger Anlaß zu Neid als die Zuhörer, die nicht spielen dürfen, auch wenn sie es könnten. Und zweitens sind sie aktiv. Als Zuhörer sind wir an unsere Plätze gebunden, wir dürfen uns weder bewegen noch sprechen. Wir sind in eine passive Rolle gezwungen, genau wie damals in der Schule. Erinnern Sie sich noch an den ersten Schultag? Vorher konnten wir den größten Teil des Tages frei herumspringen, wir waren aktiv und voller Leben. Dann zwang man uns auf einmal, auf einem Stuhl zu sitzen und dem Lehrer zuzuhören. Wir wurden passiv — aber unter Grollen. Tief in unserm Innern wollen wir alle aktiv sein. Vielleicht ziehen es deshalb viele vor, lieber zuhause eine Schallplatte anzuhören anstatt ins Konzert zu gehen. Zuhause sind wir frei — frei, uns nach Belieben zu bewegen, wiegend, schaukelnd, vielleicht wie die Mutter uns damals wiegte, wenn wir ihren Klängen lauschten. Wir können auch herumgehen, wir können auch tanzen — alles ist erlaubt.

Aber es kommt noch etwas dazu, das fast noch mehr Bedeutung hat, wenn jemand in einem Konzert ein störendes Geräusch macht. Es ist gewissermaßen ein Abbruch seiner Behandlung. Er sabotiert, wenn auch unbewußt, ebenso erfolgreich und bestimmt seine Behandlung wie ein Patient, der seine Medikamente nicht einnehmen will. Sein Husten besagt: „Ich will gar nicht gesund sein." Er widersetzt sich der Therapie des Komponisten und des Interpreten. Deshalb haben auch alle Huster, die wir getestet haben, wenig Lebensenergie. Ihnen fehlt der Wille zur Gesundheit. Aus unseren Tests geht hervor, daß sie ihn auch am Ende des Konzerts nicht haben. Sie lassen sich von der Musik nicht heilen. Sie widersetzen sich ihrer therapeutischen Kraft. Zudem neigen solche Menschen nicht nur dazu, ihre eigene Therapie zu sabotieren, sondern auch die der anderen Zuhörer.

Natürlich kommt es auch einmal vor, daß jemand „einfach husten" muß, aber wie Sie sehen können, steckt oftmals hinter einem Husten mehr als bloß ein Kitzeln im Hals.

Applaus?

Das Konzert war vielleicht sehr therapeutisch, der Musiker konnte den Puls sehr intensiv übertragen, die Lebensenergie der Zuhörer wurde vielleicht beträchtlich gestärkt — all dies geht auf der Stelle verloren durch den Applaus. Immer wieder habe ich das bei Konzerten getestet, und es ist jedesmal so. Sie können es bei einer Aufnahme, die mit Applaus endet, selbst testen: Nach der Musik ist Ihr Testpartner im Test stark, aber der Applaus hebt dieses Ergebnis wieder auf. Der Applaus ist etwas unangenehmes. Er ist schroff, laut und hart. Er tötet die eigentliche Seele der Musik.

In der Literatur findet sich nur wenig über Applaus. Ursprünglich war er auf Theateraufführungen und die Oper beschränkt, und erst viel später kam er auch bei musikalischen Darbietungen auf. Heute ist er im Westen außerhalb der Kirche allgemein üblich.

Natürlich klatschen wir gewiß nicht alle mit der Absicht, den Zauberbann der Musik zu brechen. Die meisten von uns klatschen, weil wir gelernt haben, daß Applaus ein Zeichen des Dankes an den Musiker bedeutet. Dabei sind wir uns nicht bewußt, daß wir mit dieser Art Dank gleichzeitig auch das, wofür wir ihm danken, zerstören.

Es mag in manchen Fällen auch naiv sein, im Klatschen nichts anderes als die Dankbarkeit der Zuhörer zu sehen. Ein großer Teil ist gieriges Verlangen nach mehr — „Zugabe!" Etwas davon entspringt auch dem Bedürfnis der Zuhörer, sich zu beteiligen, Lärm zu machen, was ihnen während des Konzertes, da sie stillsitzen müssen, versagt ist — als ob sie sagen wollten: „Jetzt bin ich dran!" Manchmal rufen sie auch einfach tosend „Bravo" um die Wette.

Wenn ich meiner Frau für eine liebevolle Aufmerksamkeit danken möchte, mache ich das nicht durch Klatschen.

Ich sage vielleicht leise: „Danke." Aber ich könnte ihr auch ohne Worte danken, mit einem Lächeln und dem, was ich in meinem Herzen für sie empfinde, und einen solchen Dank nimmt sie gerne an.

Einige Musiker haben folgende Anregung aufgenommen: Zu Beginn des Konzerts sagen sie den Zuhörern, daß sie ihnen ein Erlebnis der inneren Stärkung vermitteln möchten, und daß dies durch den Applaus verhindert werde. Sie sagen dann etwa: „Sie brauchen mir nicht zu klatschen. Wenn Sie mir trotzdem danken möchten, könnten wir nachher alle miteinander für eine Weile ruhig sitzenbleiben, um zu hören, wie selbst die Wände des Saales noch von den Klängen der Musik vibrieren. Wenn wir anschließend in aller Stille weggehen, können wir den Puls der Musik im Herzen bewahren. So wird der eigentliche Sinn der Musik viel länger in uns wirksam bleiben."

Diese Musiker berichten, daß sie ganz anders und viel schöner spielen, und daß das Publikum auch anders zuhört. Und nachher herrscht eine stille Ehrfurcht. Es wird zu einer heiligen Erfahrung.

Mit dem ganzen Gehirn zuhören

„Musik befähigt dich, in einer Art über die reinen Tatsachen bis zum wahren Wesen der Dinge hinzusehen, wie es die Wissenschaft nicht kann."

Vaughan Williams

Ein ausgezeichneter Designer von elektronischen Geräten erzählte mir vor einiger Zeit, daß er die Technik des Doppelblindversuchs einfach nicht verstehen könne: „Wissen Sie, meine Kollegen und ich haben Jahre damit zugebracht, auf den Klang zu hören. Wir können die Klangunterschiede in den einzelnen Teilen einer Anlage absolut sicher beurteilen. Zum Beispiel planen und entwickeln wir einen neuen Verstärker, und wenn wir ihn im Labor ausprobieren, ist er eindeutig besser als die anderen Modelle, mit denen wir ihn vergleichen. Dann kommt ein Psychologe und macht einen Doppelblindversuch, bei dem wir nicht wissen, welchen Verstärker wir hören. Und beinahe regelmäßig können wir die verschiedenen Verstärker nicht mehr auseinanderhalten. Ich kann das nicht verstehen. Der Unterschied zeigt sich doch unter unseren eigenen Bedingungen so deutlich. Aber unter den Bedingungen des Doppelblindversuchs versagen wir. Was geht hier vor? Können wir uns nicht mehr auf unsere eigenen Ohren verlassen? Unterscheiden sich die Geräte wirklich nicht, oder stimmt etwas nicht an der Technik des Doppelblindversuchs?"

Ich persönlich halte letzteres für das Problem. Deshalb antwortete ich: „Sehen Sie, normalerweise hören Sie mit beiden Gehirnhemisphären, als ganzer Mensch. Sie nehmen alle Klangnuancen auf und reagieren darauf, was Ihnen vielleicht gar nicht voll bewußt ist." Dies ist nach Theodor Reik auch die Rolle des Psychoanalytikers — nicht nur auf die Worte zu hören, sondern auf alles, was in ihnen mitschwingt, auf die kaum wahrnehmbaren Gesten und die Symbolik — nicht nur auf alles, was gesagt wird, sondern auch auf alles, was unbewußt festgehalten wird. Er nennt dies „mit dem dritten Ohr hören" — wir könnten es auch „mit dem ganzen Gehirn hören" nennen.

Nur auf diese Weise kann man richtig hören. So sollten wir Musik hören — ohne besonders auf Technik, Akustik oder Klang des Flügels zu achten, denn all dies sind Kriterien der linken Hemisphäre — sondern mit dem ganzen Gehirn das Leben, die Energie, die Gebärde, die eigentliche Lebenskraft, die eigentliche Seele der Musik aufnehmen. Dies bedeutet „mit dem ganzen Gehirn hören". Das macht natürlich jeder gute Tontechniker. Er hört mit seinem ganzen Wesen, und er hört dabei Dinge, die mit keinem Meßgerät gemessen werden können. Es ist eine totale Erfahrung. Nur so konnte dieser bestimmte Ingenieur so viele neue Geräte entwickeln und so viele Erfindungen machen, weil er immer sein ganzes Gehirn brauchte — bei der Entwicklung von neuen Konzepten und Ideen und bei der Auswertung der Resultate.

Aber sobald jemand mit einem Doppelblindversuch kommt, ihm ein Stück Papier mit der Aufforderung in die Hand drückt: „Schreiben Sie, was besser ist: A oder B", steht er unter dem Streß, „auftreten" zu müssen. Er hört nur noch mit seiner linken Gehirnhälfte, nur noch mit der mathematisch-berechnenden Seite seines Gehirns; er kann jetzt nicht mehr auf die gesamte Hörerfahrung reagieren. Sind die Unterschiede sehr fein, kann er sie nicht mehr wahrnehmen. Der Fehler liegt jedoch nicht bei seinen Ohren, sondern bei der Anlage des Versuchs, die ihn zu einer anderen Methode des Erlebens zwingt, zu einer weniger produktiven, weniger umfassenden Art zu hören. Er hört nicht mehr als Mensch. Er hört nur noch als Meßgerät.

Leider hören auch viele Musikkritiker so. Die Musik ist ihnen gleichgültig geworden, sie gehört nicht mehr ganz zu ihnen. Ihr einziges Anliegen ist die Technik. Und wo nur Technik ist, da ist keine Seele.

Die therapeutische Stimme

Beim Sprechen, wie überhaupt bei jeder Kommunikation, sollte es unser Anliegen sein, die Lebensenergie unseres Partners zu stärken, so daß er von der Kommunikation profitiert. Leider ist dies oft nicht der Fall.

Ich spreche sehr oft über die therapeutische Kraft der Stimme in Seminaren für Leute, die mit ihrer Stimme therapeutisch arbeiten — wie zum Beispiel Psychiater, Psychologen, Berater und so weiter. Ich demonstriere jeweils die therapeutische Kraft der Stimme in folgender Weise:

Ich wähle jemanden als Testperson, der im Test eine schwache Lebensenergie und eine ungenügend aktive Thymusdrüse aufweist.[37]) Um nun zu ermitteln, ob ein Therapeut mit seiner Stimme die Lebensenergie dieser Testperson stärken kann, führe ich den Test durch, während der Therapeut spricht. Ist das Testergebnis jetzt stark, nennen wir die Stimme therapeutisch. Der Therapeut muß dabei darauf achten, daß er seine Stimme direkt an die Testperson richtet. Wenn er einfach spricht, ohne sich darauf zu konzentrieren, die Testperson zu erreichen, hat seine Stimme keine therapeutische Wirkung.

Am besten ist es, wenn man bei diesem Test einfach zählt, da es nicht um die Bedeutung der Worte geht, sondern um die Lebensenergie, die durch Rhythmus und Puls der Stimme übertragen wird.

Normalerweise zeigt sich, daß aus einer repräsentativen Gruppe von berufstätigen Therapeuten, die ihre Stimme als Therapieinstrument verwenden, etwa 90 Prozent gar nicht in der Lage sind, die Lebensenergie ihres Gesprächspartners zu stärken — ihre Stimme ist nicht therapeutisch! Menschen mit einer therapeutischen Stimme haben immer auch selbst eine stärkere Lebensenergie. Sie haben in der Regel eine aktive Thymusdrüse. Meistens sehen sie auch strahlend und irgendwie gesünder aus. Ihre Atmung ist frei und ihre Körperhaltung besser als bei anderen Menschen. Eine der einfachsten Möglichkeiten, um bei einer untherapeutischen Stimme die Übertragung der Lebensenergie zu verbessern, besteht ja auch in der Korrektur der Haltung. Oftmals genügt es, die Beine nicht mehr übereinanderzuschlagen und sich breiter und aufrechter hinzusetzen. Meistens bewirken diese einfache Korrektur der Körperhaltung und die gezielte Ausrichtung der inneren Haltung, daß die Testperson jetzt im Test stark ist. Die Lebensenergie konnte übertragen werden.

Alle Faktoren, welche die Thymusdrüse aktivieren[38]), verbessern deshalb die therapeutische Qualität der Stimme; je stärker also die Lebensenergie beim Sprechen ist, desto mehr Lebensenergie kann dabei auch vermittelt werden. Natürlich gilt für den Musiker und sein Publikum dasselbe.

Es zeigt sich, daß wer imstande ist, die Lebensenergie seines Partners zu stärken, meist auch den starken Wunsch hat, dies zu tun. Wer glaubt, er müsse „auftreten", um sein Gesicht nicht zu verlieren, wird immer versagen, ebenso wie der Musiker, der nur zur Befriedigung seiner Eitelkeit spielt. Es zeigt sich ebenfalls, daß jemand mit einer therapeutischen Stimme nicht mehr therapeutisch wirkt und über seine Stimme Streß vermittelt, sobald er zum Beispiel sein Ziel aus den Augen verliert, sich nachlässig im Stuhl zurücklehnt oder seine Lebensenergie auf eine andere Weise schwächt.

Auch das Umgekehrte gilt. Eine Testperson, die im Test stark war, kann durch einen Gesprächspartner mit besonders wenig Energie geschwächt werden — dies nennen wir eine „untherapeutische" Kommunikation.

Wie reagieren die Leute, wenn ihre eigene Stimme aufgenommen und ihnen dann wieder vorgespielt wird? Fast immer wird man durch seine eigene Stimme gestärkt. Ganz selten kommt es vor, daß ein Patient durch seine eigene

Stimme geschwächt wird, und dies nur bei schwerer Krankheit.

Bei meinen vielen Radiosendungen erkläre ich jeweils auch dem Ansager, wie wichtig es ist, daß die Lebensenergie der Hörer durch uns gestärkt wird, denn wenn wir ihre Energie nicht stärken, sollten wir gar nicht zu ihnen sprechen. Wir setzen sie unter Streß. Und fast ausnahmslos setzt sich der Ansager plötzlich viel aufrechter hin und drückt seine Zigarette aus. Oft kommt auch ein ganz neuer Klang und ein neuer Energiepegel in seine Stimme.

Einige Ansager haben mir noch nach vielen Jahren gesagt, daß sie noch immer jedesmal, wenn sie auf Sendung gehen, daran denken. Es ist ihnen bewußt geworden, wie wichtig es ist, daß ihre Stimme therapeutisch wirkt.

Um wieder zu unserm Test zurückzukehren: Was, wenn jemand, anstatt einfach zu zählen, zum Beispiel sagt: „Ich will wirklich, daß du gesünder und stärker wirst." Auf diese Weise können viel mehr Leute die Lebensenergie der Testperson stärken. Beim Sprechen hat sich die Energie sowohl durch die innere Einstellung wie auch durch den Inhalt der Mitteilung verstärkt, und so können die Worte eine positive Auswirkung auf den Gesprächspartner haben. Ebenso verhält es sich in der Musik: eine Komposition hat viel mehr Wirkung als eine Tonleiter.

Wenn nun aber dieser gleiche Wunsch anstatt nur gesprochen, singend vorgetragen wird, werden viel mehr Personen im Test stark sein, weil im Singen mehr therapeutische Kraft liegt als im Sprechen.

Deshalb stärken auch die meisten Musiker, ohne daß ihre Stimme oder ihre Ausdruckskraft unbedingt energiestark ist, trotzdem bis zu einem gewissen Grad die Lebensenergie ihrer Zuhörer. Dies kommt allein vom Klang des Musikinstruments und der heilenden Botschaft des Komponisten, die durch die Musik übertragen wird. Aus diesem Grund müssen wir die Lebensenergie eines Musikers beim

Spielen mit Tests feststellen, die genauer sind als zum Beispiel der Atemlänge-Test.

Wie dem auch sei — wenn wir mit einem Musiker arbeiten, um die Lebensenergie seiner Kommunikation zu stärken, müssen wir als erstes seine Stimme dazu bringen, daß sie therapeutisch wirkt. Nur dann kann seine Musik wirklich therapeutisch sein.

Lesen

Die meisten Menschen haben eine schwache, aber deutlich erkennbare Legasthenie. Dies zeigt sich, wenn man sie unmittelbar, nachdem sie einige Sätze für sich gelesen haben, testet. Noch besser ist es, wenn sie beim Test nur einfach Buchstaben in beliebiger Reihenfolge lesen, um irgendwelche Assoziationen auszuschließen. (Seltsamerweise tritt dieser Schwächungseffekt nicht auf, wenn man von rechts nach links anstatt wie bei uns üblich von links nach rechts buchstabiert.)[39])

Wir können nun mit diesem Test einen Schritt weitergehen. Ist jemand im Test schwach, wenn er beliebige Buchstaben für sich liest, soll er sie jetzt laut lesen. In den meisten Fällen wird der Schwächungseffekt immer noch vorhanden sein. Nun soll er die Buchstaben nochmals laut lesen, aber sie zudem jemandem vorlesen. Das Testergebnis wird jetzt stark sein.

Diese selbe Erscheinung haben wir bereits bei Kevin beobachtet, und ich weise auch beim Üben darauf hin.[39]) Jemandem vorzulesen geht wesentlich leichter, aber mit ein wenig Übung gelingt es auch, wenn man still liest. Beide Male geht es darum, daß man seine Lektüre konzentriert an jemanden richtet. Auch wenn wir sprechen, ob zu uns selbst oder mit jemand anderem, verstärkt sich unsere Energie, wenn wir unsere Sprache auf gleiche Weise wie unsere Musik hinausfließen lassen.

Aufgrund von exakteren Tests zeigt sich, daß auch Testpersonen, die nicht diese leichte Legasthenie aufweisen und deshalb im Test stark sind, wenn sie lesen, eine Verstärkung der Energie erfahren, wenn sie, was sie lesen, in Gedanken „vorlesen".

Viele Musiker sind beim Notenlesen Legastheniker.

Diese Schwäche kann dadurch überwunden werden, daß man die Musik beim Lesen innerlich hört — ein weiteres Beispiel für die Kraft der Musik.[40]) Auch hier verstärkt sich die Wirkung, wenn die Noten jemandem „vorgelesen“ werden.

Im Vorwort habe ich Sie aufgefordert, dieses Buch laut zu lesen, weil Sie dann mehr davon hätten (und in dieser Beziehung von jedem Buch). Wenn Sie laut lesen, nehmen Sie den Klang und den Rhythmus der Sprache deutlicher wahr. Am besten ist es, wenn Sie laut lesen und sich dazu jemanden vorstellen, der Ihnen zuhört. Auf diese Weise wird Ihnen das, was Sie lesen, am meisten geben können.

Wie soll man üben?

Es sind schon viele Bücher geschrieben worden, wie man üben sollte, und ich habe auch schon mit zahlreichen Musikern darüber gesprochen. Irgendwie scheinen sie alle das Wesentliche nicht zu erfassen.

Das muß ich erklären. Stellen wir uns zum Beispiel vor, wir testen jemanden aus dem Publikum und stellen fest, daß seine Lebensenergie schwach ist. Angenommen, ein energiestarker Musiker spielt nun etwas für die Zuhörer. Die Person, die vorher im Test schwach war, wird jetzt stark sein. Das würden wir jedenfalls erwarten.

Ich könnte nun den Musiker bitten: „Vergessen Sie diesmal, daß Sie vor einem Publikum spielen. Spielen Sie dasselbe Stück so, als ob Sie es zuhause üben würden." Diesmal wird die Testperson keine Stärkung erfahren. Dies kommt daher, daß der Musiker seine Musik nicht mehr an die Zuhörer richtet. Es geht ihm nur noch darum, die Noten richtig zu treffen. Er ist seiner linken Gehirnhälfte zum Opfer gefallen, die seine mechanischen Bewegungen analysiert, und seine Musik fließt nicht mehr aus dem Herzen. Er hat sein Ziel aus den Augen verloren, und so fließt keine Lebensenergie mehr zu den Zuhörern.

Genau das fehlt beim Üben. Ich habe viele Musiker zuhause besucht und ihre Musik aufgenommen, wenn sie entweder einfach übten oder in Gedanken vor einem Publikum spielten. Es lassen sich beträchtliche Unterschiede in der Lebensenergie ihrer Musik feststellen.

Dafür gibt es eine sehr einfache Lösung — der Musiker spielt beim Üben vor einem imaginären Publikum: er denkt dabei an jemanden, dem er mit der Musik etwas gutes zukommen lassen möchte. Er konzentriert sich auf sein Publikum, solange er spielt. Er kann sich zum Beispiel vorstellen, er spiele für die ganze Welt, seine Musik ströme aus dem Zimmer in das Universum hinaus; er kann sie auch an eine Zimmerpflanze oder an seine Frau eine Treppe höher, an die Bäume vor seinem Fenster oder an Gott richten wollen. Es ist nicht so wichtig, wem er sie zukommen läßt. Wichtig ist einzig sein Wunsch, die Musik hinausfließen zu lassen, sie andern zukommen zu lassen. Auf diese Weise ist das Üben nicht länger eine Plackerei. Es kommt von Herzen und wird so zu wahrer Musik.

Musik und Sport

Man kann Musik auf viele Arten verwenden, um im Sport Leistung und Vergnügen zu steigern. Hier ist ein Beispiel von vielen.

Jede Sportart kann uns unter Streß setzen. Dieser vermindert unsere Leistungsfähigkeit, weil die Symmetrie und der harmonische Ausgleich zwischen den beiden Gehirnhemisphären gestört ist. In der Regel dominiert dann die linke Hemisphäre. Unter diesem Streß sind sowohl die geistige als auch die körperliche Leistungsfähigkeit geringer, als wenn beide Hemisphären gleichmäßig tätig sind. Es gibt eine sehr einfache Methode, diesen Ausgleich wieder herzustellen: indem man leise eine Melodie vor sich hin singt oder summt. Dazu eignet sich jede beliebige Melodie.

Beim Tennis zum Beispiel darf der Spieler im Moment des Kontaktes, wenn das Racket den Ball trifft, seinen Atem nicht anhalten, sonst stockt nicht nur sein Atemrhythmus, sondern auch sein Schlag. Wird ein Spieler unmittelbar nach einem solchen Schlag getestet, zeigt sich, daß er Lebensenergie verloren hat. Dies ist der normale Befund. Wenn der Spieler jedoch leise eine Melodie vor sich hin summt, wird er seinen Rhythmus automatisch so anpassen, daß er mit den Schlägen zusammenfällt. Er trifft nun den Ball bei vollständiger Ausatmung, und dies ist in fast allen Sportarten der günstigste Moment zur Bewegung.

Mit diesem einfachen Kniff können Sie Ihre sportlichen Leistungen erheblich verbessern. Zum Beispiel ist es nicht ungewöhnlich, daß Golfspieler mit dieser Technik in kurzer Zeit vier bis fünf Schläge von ihrem Handikap abziehen können. Sie werden auch feststellen, daß Sie nicht nur besser spielen, sondern daß der Streß kleiner und das Vergnügen größer wird.

Dies ist eine der fast unendlich vielen verschiedenen Einsatzmöglichkeiten der Musik. Was sie im Sport bewirken kann, gilt natürlich auch für alle anderen Tätigkeiten.

Musik und Tanz

Ein Ballett-Tänzer mit großer Erfahrung gestand mir einst, daß er zu Beethoven einfach nicht tanzen könne. Er legte eine Schallplatte mit dem langsamen Satz von Beethovens Neunter Symphonie auf und sagte dann kopfschüttelnd: Jedesmal, wenn ich dazu tanzen möchte, bleibe ich stecken. Es fließt nicht. Es geht einfach nicht."

Ich besorgte eine andere Aufnahme desselben Werks, eine von Furtwängler. Ich legte sie auf. Er begann zu tanzen, und sein Gesicht strahlte vor Freude, als er ausrief: „Ich kann ja dazu tanzen!" Und dann improvisierte er einen Tanz zum ganzen langsamen Satz — es war der wunderbarste Ausdruck visueller Poesie, den ich je gesehen hatte.

Was war der Unterschied? Der erste Dirigent übertrug den Puls nicht, im Gegensatz zu Furtwängler, der ihn natürlich überträgt. Wird der Puls nicht übertragen, erfährt die Atmung, wie wir beim Atemlänge-Test gesehen haben, eine Störung; wir sprechen davon, daß der Atem stockt. Ein sensibler Tänzer nimmt dies auf, und dadurch wird sein künstlerischer Ausdruck stark beeinträchtigt. Wer Musik als Teil seiner Tätigkeit verwendet, muß die wichtige Bedeutung des Pulses unbedingt kennen. Ohne diesen Puls stockt der Atem. Ist der Puls jedoch vorhanden, kann der Atem und mit ihm auch die Ausdrucksfähigkeit frei fließen.

Frauen, Musik und Zeit

Der Volksmund sagt, daß Frauen ein anderes Zeitgefühl haben.

Meine Untersuchungen über dirigierende Frauen haben mich zum selben Schluß geführt. Ein Mann oder eine Frau betrachten die Ereignisse in der Zeit wirklich sehr unterschiedlich. Diese Ereignisse können ein Musikstück, ein alltägliches Vorkommnis oder das ganze Leben sein.

In gewisser Weise brachte dies Wilhelm Furtwängler, der transzendenteste aller dirigierenden Männer, am deutlichsten zum Ausdruck, als er den Unterschied zwischen Bach und Beethoven beschrieb.[41]) Ich hoffe, ich entstelle seine Gedanken nicht zu sehr, wenn ich sie folgendermaßen wiedergebe: Beethoven und Bach haben beide eine sehr kraftvolle, starke Energie, und beide stellen die Entwicklung des Menschen in sehr einfühlender Weise dar. Aber ihre Darstellung erfolgt aus verschiedenen Perspektiven. Bach zeigt uns den Entwicklungsprozeß in seinem Ablauf. Wir sehen die Geschichte des Menschen offen vor uns ausgebreitet, sie erstreckt sich vom Horizont hinter uns bis zum Horizont vor uns. Uns selbst erfahren wir als winzigen Punkt in diesem Panorama.

Beethoven stellt nicht den fortlaufenden, gleichmäßigen Evolutionsprozeß dar, sondern wirft helle Lichter auf die Momente dramatischer Veränderung, wie etwa den ersten Schritt des ersten Meerestieres auf dem Land, nachdem es das Meer verlassen hatte. Es ist der Moment Michelangelos, da Gott und Mensch sich mit den Fingerspitzen beinahe berühren, ein Augenblick höchster Leidenschaft — der Mensch ist nicht mehr ein winziger Punkt am Horizont, sondern beinahe eins mit Gott. Mit Bach würden wir nicht die Spannung und Dramatik dieses Augenblicks sehen, sondern eher, wie der Mensch in den Armen Gottes Trost findet. Hingegen könnten wir mit Beethoven, wie mit Michelangelo, die Entwicklung des Menschen gerade auf ihrem Höhepunkt erleben. Wir sehen das weite Panorama der Geschichte nicht, weil die Horizonte hinter Bergen und Schluchten verborgen liegen. Erst wenn wir uns nach oben gekämpft haben, sehen wir auch die weite Ebene. Beide Beschreibungen sind notwendig und in sich selbst vollständig. Es sind einfach verschiedene Gesichtspunkte — als ob Bach die Theorie der langsamen und stetigen Evolution und Beethoven die Katastrophentheorie verfechten würde.

In gewisser Hinsicht kann Bach als eher weiblicher Komponist bezeichnet werden, weil er die Zeit in längeren und ruhigeren Abschnitten betrachtet. Die männlicheren Aspekte, die Beethoven aufwühlen, liegen ihm fern: Spannung und Lösung, einen Höhepunkt erringen und sofort zum nächsten Höhepunkt weiterdrängen, hinauf auf den nächsten Berg, wieder hinunter, und weiter auf den nächsten Berg und zu einem neuen Höhepunkt. Bachs Blick ist ruhig; er sieht, wie sich das Leben in seinem eigenen Rhythmus, in seinem eigenen Puls entwickelt. Er erzwingt die Entwicklung nicht, sondern gibt sich eher in ihren Fluß. Man könnte ihn einen gehorsamen, treuen Diener von Mutter Erde nennen. Beethoven andererseits ist der ungeduldige Gehilfe, der keine Zeit hat, in aller Ruhe bei den Pflanzen zu sitzen, sich um sie zu kümmern und zu warten, bis sie wachsen. Er düngt und hackt den Boden und kann den dramatischen Moment kaum erwarten, da es endlich zu sprießen beginnt.

In der Psychotherapie würden wir Bach einen nicht direktiven Psychotherapeuten nennen, der die komplizierten, wild wuchernden und scheinbar ungeordneten Gedankengänge des Patienten respektiert. Er versteht die Bedeutung des psychotherapeutischen Prozesses; er weiß, daß der Patient Zeit braucht, um seine Probleme wirklich zu erkennen. Dann braucht er Zeit, um zu verstehen, was ihm der

Therapeut zu vermitteln versucht, und dann braucht er Zeit, manchmal sehr viel Zeit zur Reintegration und Genesung.

Beethoven ist ganz anders. Er ist ein ungeduldiger, aktiver Psychotherapeut. Binnen weniger Minuten teilt er dem Patienten mit, was mit ihm nicht stimmt. Dabei ist er so genial, daß er genau weiß, was nicht stimmt. Und er ist zudem so genial, daß er seine Mitteilung genau so formuliert, daß der Patient sie verwenden und einbeziehen kann. Aber seine Sitzungen verlaufen nicht friedlich, ruhig und gleichmäßig. Sie sind vielmehr eine Zeit der Tränen, des Dramas und der Schreie, aber auch der innigsten Liebe und Zärtlichkeit. Beethoven kann nicht warten, bis die Dinge sich langsam entwickeln und entfalten. Seine Mitteilung lautet: „Ich kann sehen, was mit dir nicht stimmt, und ich sage es dir jetzt — und ich will dir auch sagen, was du dagegen tun kannst.“ Er sagt es in einer Weise, die dem Patienten geradewegs ins Herz geht. Und wenn dieser gewillt ist, kann er sich ändern, und er kann sich auf der Stelle ändern. Bachs Sitzungen sind weniger gefährlich, weniger traumatisch und bieten mehr Sicherheit, aber sie brauchen Zeit. Beethovens Sitzungen sind kurz und gehen aufs Wesentliche, der Erlösung gehen Hochstimmung und Chaos voran. Er packt die Sache ganz anders an. Er ist auch ein ganz anderer Mensch. Er betrachtet die Zeit und den Entwicklungsprozeß eines Menschen ganz anders, und er betrachtet auch Zeit, Musik und den Entwicklungsprozeß in der Musik ganz anders.

Ein Mann scheint im Leben von einem Kampf zum andern, von einem Höhepunkt zum nächsten zu gehen, er bewegt sich ständig zwischen Spannung und Lösung. Er ist fast wie der Ball in einem Spielautomaten, der von Feder zu Feder hüpft und völlig aufgeht im Moment, da ihn die Feder hält und wieder losläßt; aber nur selten sieht er die gesamte Welt, in der er sich bewegt. Doch dies ist nicht der

Weg der Frau. Für sie ist das Leben eher ein sanftes Dahingleiten, wie ein Strom, der sich langsam auf die Mündung hin bewegt. Da kommen zwar manchmal Felsen und Kaskaden, aber niemals beängstigende, tiefe Schluchten und hohe Wasserfälle. Es ist ein anderer Weg; er ist sanfter und hat größeren Respekt vor dem Entwicklungsprozeß.

Die Frau ist viel eher wie Bach. Sie hat ein anderes Zeitgefühl. Zeit bedeutet für sie nicht, eine Verabredung einzuhalten. Zeit besteht für sie nicht aus Arbeitsplänen. Zeit bedeutet für eine Mutter nicht, ihr Kind nach der Uhr zu füttern, sondern dann, wenn es für das Kind gut ist, und wenn sie spürt, daß es gut ist. Sie läßt sich mehr von der rechten Gehirnhälfte leiten.[42]) Sie lebt mehr nach Rhythmus, Gebärde und Puls als nach der genauen Uhrzeit, die von der linken Gehirnhälfte bestimmt wird.

Sie schaut ihr Kind an, und sieht es über die ganze Spanne seines Lebens hinweg wachsen und reifen. Der Vater sieht es vielleicht in Zukunft als Musiker oder Arzt, aber er sieht nicht, wie es da hineinwächst. Er sieht hier einen Berg und da einen Berg, aber die unendliche Weite der Entwicklung dazwischen sieht er nicht. Eine Frau schaut ihr Kind an und sieht das ganze Panorama, die ganze Perspektive seiner zukünftigen Erfahrung vor ihm ausgebreitet. Sie ist die Mutter. Sie spürt es und weiß es. Kleinigkeiten wie die genaue Zeit kümmern sie nicht. Sie ist im Einklang mit dem Puls des Lebens.

Die Musik und das Wesen der Mutter

„Die Mutter der Lieder, die Mutter all unserer Frucht."
Aus einem Lied der Kagaba-Indianer, Kolumbien

Seit Urzeiten wurde die Musik mit der Mutter in Beziehung gebracht. Die ersten Töne, die ein Kind hört, stammen von seiner Mutter — ihr Atem, ihr Puls, und natürlich ihre Stimme, die durch das Fruchtwasser zu ihm dringt. Es lebt in einem pulsierenden Meer, das ganz von seiner Mutter erzeugt wird.

Und wenn es dann auf der Welt ist, wenn es auf ihrem Bauch und an ihrer Brust liegt, hört es immer noch ihr Pulsieren, und vor allem ihre Stimme. Kein Klang ist liebevoller, tröstender und göttlicher als diese ganz spezielle Stimme, mit der eine Mutter mit ihrem Kind spricht. Diese Stimme ist reine Liebe, „das ewige Musikinstrument von Himmel und Erde."[43]) Sie läßt das allererste und allergrößte Lied, das Wiegenlied entstehen. Das ganze Wesen der Musik, egal wie kompliziert und raffiniert sie mittlerweile geworden ist, gründet auf den Klängen der Mutter. Und die ganze Heilkraft der Musik kommt aus der göttlichen Reinheit ihrer Liebe zu ihrem Kind, und aus ihrem Wunsch, ihm diese voll und ganz zu geben, jede Not und jeden Streß von ihm zu nehmen und es mit ihrer strahlenden Mutterliebe ganz zu umfangen. Sie hält es, hegt, wiegt, nährt und umfängt es in ihren göttlichen, friedensreichen Harmonien.

Aus diesem Grund sind unsere Untersuchungsergebnisse vielleicht gar nicht so erstaunlich, daß nämlich dirigierende Frauen eine größere therapeutische und stärkende

Kraft ausstrahlen als die meisten dirigierenden Männer. Die Musik gehört zur Welt der Mutter. Sie ist die große Therapie.

Die Musik beschwört die göttliche Liebe der Mutter. Sie ist ihr Atem, ihr Puls und ihre Seele.

Dirigierende Frauen

Ich bin überzeugt davon, daß die Musik aus der Kommunikation von Mutter und Kind entsteht. Alle Musik entstammt dieser Beziehung. Deshalb überrascht es vielleicht auch nicht, daß dirigierende Frauen unglaublich viel mehr Energie aufweisen als dirigierende Männer.

Alle Dirigentinnen, die ich bisher getestet habe — jetzt schon über zwanzig —, sind sehr energiestark, hingegen hat nur ein kleiner Prozentsatz von Dirigenten starke Energie.

Es fällt einer Frau offensichtlich leichter, beim Dirigieren energiestark zu sein. Ich halte das für eine biologische Realität. Irgendwie kann eine Frau den Puls leichter aufnehmen und übertragen — vielleicht weil es ihrer Psychophysiologie mehr entspricht.

Die meisten Dirigentinnen hören es nicht gern, wenn ich dies sage. Sie wollen, daß man sie gleich wie die Männer betrachtet. Sie glauben, es bestehe beim Dirigieren kein Geschlechtsunterschied. Meine Resultate zeigen, daß nicht nur ein Unterschied besteht, sondern daß er sogar stark zugunsten der Frauen ausfällt, auch wenn sie kaum je Gelegenheit zum Dirigieren erhalten, das eine Domäne des Mannes zu sein scheint. Leider muß man immer noch mit ansehen, wie energiestarke Dirigentinnen dazu gezwungen sind, mittelmäßige Orchester zu leiten, und bisweilen sogar ihr eigenes Orchester gründen müssen, weil sie nicht unterstützt werden. Und werden sie dann auch noch kritisiert, weil das Orchester nicht von allergrößtem Format ist, tut man ihnen nicht nur Unrecht, sondern beleidigt sie auch. Ich kann verstehen, daß eine Dirigentin[44]) frustriert und enttäuscht ist, weil sie keine Möglichkeit hat, ihre tiefempfundene Liebe zur Musik, die sie so stark in sich pulsieren fühlt, zum Ausdruck zu bringen. Natürlich ist es immer auch möglich, daß eine Frau etwas von ihrer starken Energie einbüßen müßte, wenn sie die Leitung eines großen Orchesters übernähme und damit dem überwältigenden Streß einer Berufskarriere mit so enormer Konkurrenz ausgeliefert wäre. Dafür liegen bisher keine Beweise vor, aber es ist noch zu früh, um Schlüsse zu ziehen.

Wie ist es bei Musikerinnen? Hier gelten die Unterschiede nicht. Ich kann dies nicht hinreichend erklären, und jede Begründung wäre beim momentanen Stand der Untersuchung eine bloße Vermutung.

Und wie ist es, wenn Frauen komponieren? Ja, auch hier zeigt sich, daß sie vermehrt energiestark sind. Dies bestätigt unsere Theorie, daß der Urspung der Musik im weiblichen Aspekt der Natur liegt.

Es ist schade, daß wir nicht seit Jahrhunderten über ein reiches Erbgut an bedeutenden Frauenkompositionen verfügen. Dafür gibt es zahlreiche Begründungen. Einige sind gesellschaftsbedingt. Und vielleicht sind da auch noch ganz andere Gründe: möglicherweise wählten Frauen bis vor kurzem nicht diese Ausdrucksform zur Lösung ihrer Probleme — vielleicht zogen sie andere Formen vor. Mutter sein und Kinder aufzuziehen ist vielleicht an sich schon die Erfüllung dieses Ziels, und so ist das Bedürfnis zu komponieren gering oder gar nicht vorhanden.

Ich habe bereits in einem anderen Zusammenhang davon gesprochen, daß die Musik von Bach — und überhaupt Barockmusik — das Leben eher in der Art einer Frau erfaßt. Deshalb glaube ich, daß eine Dirigentin Bach in einer Weise interpretieren könnte, wie es einem Dirigenten wohl kaum möglich wäre. Aber wir müssen uns wohl noch so lange an die Vorstellung vom großen Meister halten, bis wir eine ebenso große Meisterin haben.

Damit will ich natürlich nicht sagen, daß man nur noch Musik hören sollte, die entweder von Frauen komponiert ist oder von Frauen interpretiert wird. Ein Dirigent mit transzendenten Fähigkeiten, wie zum Beispiel Furtwängler, erreicht möglicherweise noch mehr als jede transzendente Dirigentin. Wenn wir mit einem Musiker arbeiten, um die Energie seiner Musik zu stärken, müssen wir ihm vor allem helfen, den weiblichen Aspekt seiner Natur zu entdecken und auch anzunehmen. Wenn es ihm gelingt, diesen weiblichen Aspekt mit seiner männlichen Seite zu vereinen, steigt seine Energie bis zu den Grenzen, die wir mit unseren Tests überhaupt erfassen können. Es gibt aber noch andere, ebenso entscheidende und auf die Physiologie bezogene Kriterien, welche vorläufig immer noch jenseits dieser Grenzen liegen.

Obwohl ich mich mit diesem Gebiet seit 25 Jahren befasse, gehen die hier berichteten Resultate noch kaum unter die Oberfläche. Es liegt noch so viel in der Musik, das wir wohl nie ganz verstehen werden.

Weg mit der Peitsche

Am Fernsehen verfolgte ich einmal ein Interview mit dem ersten Flötisten eines großen Symphonieorchesters. In diesem Orchester hatte er schon seit mehr als dreißig Jahren unter demselben Dirigenten gespielt, und doch war er, wie er selbst sagte, auch nach all den Jahren noch immer sehr nervös, wenn er eine Solostelle spielen mußte, und hatte Angst vor einem Fehler. Beim Konzert, das auf das Interview folgte, schwenkte die Kamera, gerade bevor sein Solo einsetzte, auf ihn. Er war sichtlich nervös.

Die meisten Orchestermusiker spielen unter Streß und haben grundsätzlich Angst vor dem Dirigenten. Man kennt ja die vielen Geschichten von den Wutausbrüchen berühmter Dirigenten und von der Angst und Ehrfurcht, die ihnen das Orchester entgegenbringt, und ich brauche sie hier nicht zu wiederholen.

Es heißt, Musik sei Kommunikation der Liebe. Aber wie kann ein Dirigent Liebe weitergeben, wenn sich die Musiker vor ihm fürchten? Wie ist es da möglich, sich für die Musik zu begeistern und sich an ihrer Botschaft der Liebe zu freuen? Ich erinnere mich an die Probe eines Jugendorchesters, bei der ein Trompeter stets zu spät mit seinem Einsatz kam. Jedesmal schrie ihn der Dirigent an und wies ihn zurecht. Dadurch wurde sein Problem nur schlimmer. Er stand dermaßen unter Streß, daß er, sobald der Dirigent mit dem Stock auf ihn zeigte, anstatt mit Musik mit Angst reagierte und rasch Atem holte. Dadurch stockte sein Atem, und sein Einsatz war zu spät. So ging es weiter, bis der arme Junge zutiefst gedemütigt am Rande der Tränen war.

Der Dirigentenstab ist ein Symbol für dieses Problem. Oft wird er wie eine Peitsche gebraucht, um im Orchester durch Angst und Schrecken Gehorsam zu gebieten. Leider sieht man heute zu viele Werbefotos mit Dirigenten, die mit finsterer Miene drohend ihren Stab auf einen armen, unschuldigen Musiker richten. Ein solcher Dirigent gemahnt viel eher an einen Kriegsgeneral — es fehlt nur noch das Schlachtroß! Man spürt keinen Respekt vor dem Musiker, kein Verständnis dafür, daß er sein Bestes zu geben versucht. Das Bild scheint stattdessen zu sagen: „Du machst es genau so, wie ich will. Ich bin der Boß. Ich habe die Macht."

Zwischen Musiker und Dirigent sollte es nicht zu einem Machtkampf kommen, ebensowenig wie zwischen Lehrer und Schüler. Angst macht keinen kreativen und aufgeweckten Schüler, der seine Arbeit und seinen Lehrer liebt, und für den er sein Bestes leisten will. Sie züchtet stattdessen mit Sicherheit einen eingeschüchterten Schüler, der seine Arbeit lieblos und nur aus Angst erledigt. Dieser Faktor trägt meiner Meinung nach wesentlich bei zum Phänomen, daß die meisten Orchestermusiker im Test schwach sind, wenn sie nur schon ans Musizieren denken. Ihre Liebe zur Musik ist abgetötet worden.

Aber wie kann dieses Problem gelöst werden? Der Dirigent muß auf seinen Stab verzichten. Er soll nicht mit einer Gebärde von Macht und Autonomie, sondern mit verströmender Liebe dirigieren. Er ist nicht der Feudalherrscher, der in der Schlacht über seine Truppen kommandiert und absolute Befehlsgewalt über sie hat. Die Rolle des Dirigenten ist nicht militärisch, obwohl gewisse Dirigenten ihre Arbeit in diesen Begriffen beschreiben. Die Rolle des Dirigenten besteht vielmehr im Stärken, Stützen und Ermutigen[45]), damit jeder Musiker sein Bestes geben kann.

In einem Interview wollte ich einmal von einer Dirigentin ihr Geheimnis erfahren — sie schien die außergewöhnliche Begabung zu haben, die Musiker derart zu begeistern, daß sie sich selbst übertrafen; sie konnte also den Puls vollständig übertragen. Ich fragte sie: „Was tun Sie anderes als das, was man sieht, wenn Sie dirigieren?" Sie lächelte ein wissendes Lächeln, schaute mich an und antwortete: „Wissen Sie, ich lebe nach der orientalischen Philosophie." Ich entgegnete: „Ich verstehe nicht, was Sie damit sagen wollen." Jetzt wirkte sie beinahe einfältig. Sie legte die Hände über ihren Thymus und sagte sehr ruhig: „Es ist wie ... ich gebe ihnen von Herzen." Dann senkte sie ihren Kopf und schwieg. Kein Wunder, daß sie eine so energiestarke Dirigentin ist. Die Musik ihres Orchesters ist reine Liebe. Bestimmt sind viele Orchester technisch und klanglich besser, aber keines spielt mit größerer Liebe, mit diesem „‚inneren Feuer', dieser Begeisterung und Hingabe, die mehr wert sind als jedes Ausmaß an Technik."[46])

Der Dirigent sollte wie ein Priester sein, der seinen Chor zu einem Lied der Liebe leitet. Er muß auf die Peitsche verzichten und dem Orchester mit reiner Liebe begegnen.

Lampenfieber

Viele Musiker leiden mehr oder weniger an Lampenfieber, und viele stehen unter dem Zwang, gewisse Rituale ausführen zu müssen, bevor sie das Podium überhaupt betreten können.

Abergläubische Verhaltensweisen und Rituale sind neurotische Versuche, die Angst vor dem Auftritt zu bewältigen, und Anzeichen dafür, daß der Musiker stark gestreßt ist.

In jedem einzelnen Fall hat sich dasselbe gezeigt: Je mehr sich ein Musiker auf die Musik und die Stärkung der Zuhörer konzentriert, und je weniger er gleichzeitig an sich selbst denkt, desto weniger Streß und Angst empfindet er vor seinem Auftritt.

Je mehr er in seiner Mitte ist, je mehr er zutiefst in sich selbst das Bestreben verspürt, den Zuhörern die Botschaft des Komponisten ungetrübt zu vermitteln, ohne dabei in Eitelkeit befangen zu sein, desto stärker ist seine Lebensenergie, und umso besser wird er mit der Musik eins sein und den Puls rein übertragen können.

Die Auswahl einer Schallplatte

Der Schwann Record and Tape Guide verzeichnet insgesamt 42 Aufnahmen von Beethovens Neunter Symphonie und 36 Aufnahmen von Dvoraks Neunter. Wie kann man sich da noch für eine Aufnahme entscheiden? Jede einzelne wurde wahrscheinlich von irgendwelchen Kritikern begeistert rezensiert. Entscheiden Sie sich für den bekanntesten Namen oder für die bekannteste Schallplattenmarke?

Vergnügen und erweiterte Musikkenntnisse kann Ihnen jede Aufnahme vermitteln, aber den größten Gewinn ziehen Sie aus einer energiestarken Aufnahme. Mit dem Atemlänge-Test können Sie die energiestärkste Aufnahme feststellen. Nach diesem Test sind zum Beispiel von den 42 Aufnahmen von Beethovens Neunter nur neun energiestark, das heißt, nur neun Aufnahmen bestehen diesen doch sehr groben Test. Von den 36 Aufnahmen von Dvoraks Neunter bestehen ihn ganze sechs. Anders als die Rezension eines Kritikers oder eine Anpreisung im Katalog gibt der Atemlänge-Test eine objektive, auf die Physiologie bezogene Möglichkeit zur Auswahl. Er ist das einzige Auswahlkriterium, das sich auf das Wesentliche in der Musik bezieht — ihre heilenden Kräfte.

Meine eigene Schallplattensammlung besteht aus zwei Gruppen — energiestarke Aufnahmen und andere. Die anderen Aufnahmen sind als historische Dokumente zu Forschungs- und Lehrzwecken äußerst wertvoll. Oft sind sie auch anregend und unterhaltsam. Aber das ist ja wohl nicht der Zweck — obwohl wir uns daran gewöhnt haben, eher nach dem zu suchen, was uns flüchtige Unterhaltung bereitet als nach dem, was uns gesund macht.

Ich möchte mir nicht mehr während längerer Zeit Musik anhören müssen, welche den reibungslosen Energiefluß durch meinen Körper hemmt, weil der Interpret meinen

Atem zum Stocken bringt. Therapeutische Wirkungen können natürlich auf viele verschiedene Arten mit irgendeiner Musik erzielt werden, und dieses Kriterium ist in der Auswahl von Musik nicht das einzig entscheidende, aber für mich ist es sehr wichtig. Wähle ich nämlich eine energiestarke Aufnahme, weiß ich, daß ich jedenfalls etwas davon habe. Ich bin bereichert in jedem Sinne des Wortes.

Das Didjeridu

Schon seit Jahren habe ich meine Patienten und Schüler immer wieder dazu ermuntert, ein Musikinstrument zu spielen. Ich glaube nämlich, daß man erst dann vollständig gesund ist, wenn man sich musikalisch ausdrücken kann. Wir alle haben tief in uns den Wunsch, unsere Liebe aus weit offenem Herzen singen zu lassen. Wenn man das Musizieren in sein Leben kommen läßt, kann man eine wunderbare Veränderung erleben. Das Herz geht auf.

Meine Patienten haben sich schon für alle möglichen Instrumente entschieden. Es zeigte sich dabei, daß Blasinstrumente von größtem therapeutischen Wert sind, weil der Atem sehr persönlich, direkt und ein wesentlicher Bestandteil des Klanges selbst ist. Dadurch steht der Patient in einem sehr direkten Kontakt mit dem gebildeten Ton, und das ist auch mein Ziel für ihn.

Sobald er sich aber einmal entschließt, ein Instrument zu spielen, übernimmt die linke Gehirnhemisphäre die Führung und durchkreuzt einen Teil des Vorhabens. Wenn er zu einem Lehrer geht, lernt er Technik und Notenlesen. Der Lehrer sagt ihm genau, wie lange er einen Ton aushalten darf; dabei klopft er mit dem Fuß und gibt ihm nicht den Puls, sondern nur den Takt an. Der Schüler lernt Geläufigkeitsübungen ohne Puls und Leben. Er muß sich sagen lassen, daß eine Note „falsch" sei, und daß er sich mehr anstrengen müsse. Das Instrument verliert seine therapeutische Kraft. Stattdessen ist es, wie auch für den Lehrer, einfach noch eine weitere Arbeit, eine weitere Anstrengung für die linke Hemisphäre in unserer ohnehin schon von der linken Gehirnhälfte dominierten Welt. Deshalb rege ich jeweils an, daß der Schüler sich wenigstens am Anfang ganz allein mit seinem Instrument vertraut macht, höchstens mit Hilfe eines einfachen Lehrbuches.

Aber die meisten sind so stark in der Vorstellung verhaftet, daß die Musik „richtig“ sein muß, daß sie beim bloßen Gedanken, allein anfangen zu müssen, Angst bekommen. „Wie weiß ich dann, ob mein Fingersatz richtig ist? Wie kann ich wissen, ob ich den Ton richtig herausbringe?“ Solche und ähnliche Fragen beunruhigen sie. An diesem Punkt wünsche ich jeweils, daß ich ihnen doch nie vorgeschlagen hätte, sie sollten vor allem anderen mit Musik anfangen. Ich sehe es kommen, daß es einfach noch ein weiterer Streß wird. Ihre linke Gehirnhälfte hält sie gefangen.

Schließlich bin ich auf das ideale Instrument getoßen, das ich mit gutem Gewissen empfehlen kann: das Didjeridu der australischen Eingeborenen. Es besteht aus einem hohlen, leicht konisch geformten Stück eines dünnen Baumstammes. Es ist zwischen 90 und 120 cm lang und mißt etwa 5 cm im Durchmesser. Klappen oder Fingerlöcher sind keine vorhanden. Es erzeugt zwei lange, tragende Töne, die man mit vokalisierenden Klängen und Zungenstoß abwandeln kann. Aus einem Kunststoffrohr läßt sich ein sehr zufriedenstellender Ersatz für das Didjeridu aus Holz herstellen.[47]) Das Mundstück, das sich den Lippen weich anpassen soll, kann aus Bienenwachs oder Kitt geformt werden.

Aus dieser Beschreibung erscheint es vielleicht sehr primitiv. In einem gewissen Sinne ist es das auch, und in einem gewissen Sinne hat es auch einen sehr beschränkten Tonumfang. Hört man hingegen Aufnahmen der australischen Eingeborenen oder von Stuart Dempster, dem großen amerikanischen Posaunenvirtuosen und begeisterten Didjeridu-Spieler, wird einem seine enorme Reichweite im Ausdruck bewußt.

Weshalb tut dieses Instrument so gut? Erstens gibt es da kein „richtig“ oder „falsch“. Es gibt keine festen Töne an sich, keine Fingersätze, keine Noten. Innerhalb von wenigen Minuten kann es jeder spielen, aber natürlich nicht jeder so gut wie die Eingeborenen oder Stuart Dempster. Binnen kurzer Zeit kann man auf diesem Instrument mit seinem Atem seine Seele durch die Musik sprechen lassen. Da ist kein Lehrer, der mit dem Stock den Takt schlägt. Da ist kein Metronom, das ins Ohr tickt, man muß keine Noten lesen, sich nicht fragen, ob man richtig oder falsch spielt. Es ist reine Entspannung und reines Vergnügen. Beide Gehirnhälften sind gleichermaßen aktiv.

Nach einiger Zeit zeige ich jeweils dem Schüler eine Technik, die unter dem Begriff „Zirkuläratmung" bekannt ist. Und hier zitiere ich Professor Jones, eine anerkannte Autorität auf dem Gebiet des Didjeridu:[48]) Die Zirkuläratmung „ermöglicht es, einen Ton ununterbrochen über längere Zeit zu halten. Eine ähnliche Technik verwenden auch die Glasbläser: durch die Nase wird in kurzen Abständen rasch Luft eingesogen, wobei die Wangen immer genügend Luft enthalten, um so viel ins Rohr zu blasen, daß der Ton weiterklingt, während man Luft holt. Auf diese Weise entsteht ein kontinuierlicher Ton, der sich während des Luftholens derart wenig verändert, daß es nicht möglich ist, mit dem Ohr allein zu entscheiden, zu welchem Zeitpunkt der Spieler Luft holt, so präzis kann er beim Blasen den nötigen Druck kontrollieren, um die Vibration der Luft im Rohr aufrechtzuerhalten." Dies mag ein wenig kompliziert erscheinen, aber die meisten lernen es sehr schnell. Beherrscht man einmal diese Technik, tut sich eine völlig neue Welt des Musizierens auf, die kein anderes Instrument ermöglicht, obwohl die Zirkuläratmung manchmal auch von Blechbläsern verwendet wird. Jetzt ist der Atem frei. Man kann ununterbrochen spielen, solange man will, leicht eine halbe Stunde lang.

Nach meiner Erfahrung sind die Muster, die beim Spielen auftreten, jedesmal neu und einzig in ihrer Art. Sie bleiben vielleicht etwa für eine Minute, oder auch für fünf oder zehn Minuten, und dann kommen sie selten oder nie wieder zurück. Im Gehirn scheinen rhythmische Muster vorhanden zu sein, die nach dieser Ausdrucksform verlangen. Sobald sie geäußert sind, stellt sich ein Gefühl der Erleichterung und Entspannung ein.

Diese Erscheinung ist bei anderen musikalischen Ausdrucksformen selten, weil wir uns an die Noten halten müssen und so die Rhythmen in unserm Gehirn nicht äußern können. Bei den meisten Instrumenten ist es auch wegen der Art, wie sie gespielt werden müssen, nicht möglich. Das Phänomen tritt aber noch anderswo auf: wenn kleine Kinder unbeobachtet für sich allein Musik machen. Man braucht nur einem Kind zuzuhören, wenn es beim Spielen singt. Es entstehen hübsche kleine Klangmuster, das Kind ist völlig versunken und kümmert sich überhaupt nicht um richtig oder falsch, korrekte Tonlage oder Technik.

Da ist nur reine Freude. Diese Erfahrung kann man auf dem Didjeridu nach wenigen Minuten auch machen, und deshalb ist es auch so besonders. Nach Professor Jones ist „das Didjeridu ein Triumph der Seele über das Materielle, weil das, was man mit ihm erreichen kann, einzig von der angeborenen musikalischen Vorstellungskraft abhängig ist ... und nicht von der Machart des Instruments oder von der Beherrschung einer Technik."

Das Didjeridu hat noch einen weiteren, äußerst therapeutischen Aspekt. Unsere Lebensenergie fließt durch das Meridiansystem der Akupunktur. Alle diese Meridiane enden in den Lippen. Deshalb aktiviert jedes Instrumentalspiel, bei dem sich die Lippen aktiv bewegen, in einem gewissen Grad unser Meridiansystem. Bei der Flöte ist diese Aktivierung nicht vollständig, weil die Unterlippe fast bewegunglos bleibt. Sie ist es zu einem guten Teil bei Blechblasinstrumenten, aber am vollständigsten beim Didjeridu, weil da die Lippen aktiv vibrieren. Dies hat zur Folge, daß man mit dem Didjeriduspiel vor allem, wenn dabei auch die Atmung natürlich und ungezwungen ist, schon nach kurzer Zeit ein enormes Aufwallen von Lebensenergie durch den ganzen Körper hindurch verspürt.

Ich rate auch allen meinen Studenten, die Musiker sind, zum Didjeridu. Ich mache dies nicht nur aus den bereits erwähnten Gründen; das Didjeridu hat noch zwei weitere Vorteile. Erstens einmal ist das Didjeriduspiel ein Vergnügen. Für den Musiker bedeutet es keine zusätzliche Anstrengung. Er kann einfach aus lauter Freude spielen.

Zweitens habe ich die Erfahrung gemacht, daß unter den Instrumentalisten ein „Nicht-Bläser“ mehr Schwierigkeiten hat als ein durchschnittlicher „Nicht-Musiker“, und es erfordert zuweilen ein gewisses Maß an Geduld und Durchhaltewillen von ihm. Ein solcher Schüler ist normalerweise sehr „unmusikalisch“ in Bezug auf seinen Atem und seinen Mund. Es scheint, daß die musikalische Begabung eines Pianisten, Cellisten oder Geigers ganz auf seine Finger konzentriert ist. Deshalb weiß er gar nicht, wie er sich durch den Atem ausdrücken soll. Gelingt es ihm schließlich, fühlt er sich wie erlöst. Er nimmt wahr, daß er besser spielt, mehr von sich selbst in seine Musik geben kann und auch lieber spielt. Je lieber er spielt, und je besser er sich ausdrücken kann, desto vollständiger kann er sich in die Musik geben — desto besser für uns alle.

Ton und Akupunktur-System

Eine unserer interessantesten Entdeckungen am Institute for the Enhancement of Life Energy and Creativity bei der Auswirkung von Tönen auf den Körper besteht darin, daß wir offenbar zwei völlig getrennte Systeme haben, um einen Ton aufzunehmen. Das eine bilden bekanntlich die Ohren. Das andere ist das Akupunktur-System.

Es gibt hunderte von Akupunktur-Punkten am ganzen Körper. Viele von ihnen, darunter vor allem die sogenannten ersten Anregungspunkte jedes Meridians, sind offensichtlich auch Rezeptoren für Töne, wenigstens bis etwa 1'000 hz. Weshalb dieses zweite System überhaupt vorhanden ist, weiß ich nicht genau. Das Akupunktur-System steht in enger Verbindung mit dem autonomen Nervensystem[49]), und daher können wir uns vielleicht aufgrund der Töne, die wir über das Akupunktur-System aufnehmen, besser auf unsere Umgebung einstimmen. So können sich unsere physiologischen Prozesse sanft anpassen.

Dieses doppelte System läßt sich zum Beispiel mit Rock-Musik leicht demonstrieren. Wie ich bereits früher gezeigt habe, wird sich eine Testperson bei gewisser Rock-Musik im Test schwach erweisen.[50]) Angenommen, man verschließt ihr nun die Ohren mit entsprechenden Kopfhörern. Die Rock-Musik hat immer noch eine negative Wirkung, obwohl die Testperson feststellt, daß sie überhaupt nichts hört. Wird nun aber der erste Anregungspunkt des von der Rock-Musik am stärksten betroffenen Meridians mit einem Pölsterchern aus schallundurchlässigem Material bedeckt, ist die Person im Test stark. Die Rock-Musik hat keine Wirkung mehr. Läßt man nun den Anregungspunkt bedeckt, entfernt aber die Kopfhörer, ist die Testperson erneut schwach. Es existieren also zwei verschiedene Systeme zur Aufnahme von Tönen — die Ohren und das Akupunktur-System.

Ich habe dies bereits vor vielen Jahren vermutet, als ich die Beobachtung machte, daß man aus der Musik offensichtlich desto mehr Energie aufnehmen kann, je weniger Kleider man trägt. In einem Konzert, wo man normalerweise alles andere als leicht bekleidet ist und sehr eng beieinander sitzt, kann das Akupunktur-System die Musik nicht aufnehmen, und die Wirkung ist dementsprechend geringer.

Wie steht es mit dem Lärm? Der Unterschied zwischen Lärm und Musik besteht, wie ich bereits früher[51]) festgehalten habe, darin, daß Lärm im Gegensatz zu Musik von einer gewissen Lautstärke an (etwa 85 db) schwächend wirkt. Dies läßt sich mit einem Test beweisen. In der Musik führt steigende Lautstärke an keinem Punkt zu Schwächung. (Diese Feststellung muß nun leicht abgeändert werden, um auch die Resultate von neueren Untersuchungen einzubeziehen, welche besagen, daß die Meridiane bereits bei viel geringerer Lautstärke eine leichte Schwächung erfahren. Dabei erscheint der Muskel nicht eindeutig schwach[52]); hingegen stellt sich bei der Überprüfung der einzelnen Meridiane heraus, daß ein bestimmter Meridian geschwächt wurde. Die Wirkung ist geringer — aber deutlich erkennbar.)

Interessanterweise scheint der meiste Lärm, wenn auch durchaus nicht aller, den Magenmeridian zu beeinträchtigen. Dies gilt zum Beispiel für das Summen elektrischer Motoren, quietschende Autopneus und den Ton von Rasenmähern usw. Die Wirkung tritt auch bei geringer Lautstärke auf und betrifft beide Systeme der Ton-Rezeption. Wenn man sich also die Ohren verstopft, hat beispielsweise ein Kühlschrankmotor weiterhin eine negative Wirkung auf den Magenmeridian; diese wird aber aufgehoben, wenn man gleichzeitig auch schallundurchlässige Pölsterchen auf die Hautrezeptoren des Magenmeridians (M 41) legt. Diese Punkte befinden sich auf dem Fußrist. Als praktische Maßnahme zur Reduktion der Lärmempfindlichkeit kann man sich in der Zunge seiner Schuhe schallundurchlässigen Filz befestigen. Dies vermindert die Schallaufnahme durch die Anregungspunkte des Magenmeridians.

Auch spezielle Maßnahmen in der Ernährung können den Magenmeridian aktivieren und damit die Lärmempfindlichkeit erheblich reduzieren.

Aus unseren Untersuchungen ergeben sich zwei wichtige Schlußfolgerungen, die einer weiteren Forschungstätigkeit die Türe öffnen. Als erstes wissen wir nun, daß auch sehr leiser Lärm noch eine Wirkung auf uns hat — vermutlich gibt es für die Lautstärke von Lärm gar keine untere Grenze, wo er nicht schadet. Als zweites müssen wir die beiden Systeme der Ton-Rezeption deutlicher auseinanderhalten und vor allem diese spezielle Art, welche mit dem Akupunktur-System in Verbindung steht, weiter erforschen und auch verwenden. Dies ist in der therapeutischen Anwendung von Musik wichtig und muß natürlich bei jeder Erfahrung mit Musik eine Rolle spielen.

Musik zur Linderung von Schmerzen

Ich setze die Musik häufig zur Linderung von Schmerzen ein. Wie ich dabei vorgehe, wird am ehesten durch die folgenden Beispiele deutlich.

Ein Mann suchte mich auf, weil er wegen einer verletzten Zehe große Schmerzen hatte. Mein erster Schritt bestand darin, den durch den Schmerz betroffenen Meridian festzustellen. Ich testete ihn, und dazu berührte er der Reihe nach die Alarmpunkte der einzelnen Meridiane. Als er den Alarmpunkt des Magenmeridians berührte, war das Testergebnis schwach. Der Magenmeridian auf der Seite der verletzten Zehe war also der gesuchte Meridian. Um nun die Schmerzen zu lindern, brauchte es lediglich die Einwirkung von Musik auf die beiden Hauptpunkte des Magenmeridians, den ersten Anregungspunkt und den assoziierten Punkt[53]). Ich lenkte auch Klänge zur Thymusdrüse, denn sie ist eine der Kontrollinstanzen über das gesamte Meridiansystem. Die Klänge werden anhand von speziellen kleinen Schwallwandlern[54]) übertragen. Auf jedem dieser drei Punkte wurde nun ein Schallwandler befestigt. Dann leitete ich für einige Minuten geeignete Musik und Klänge („Biological Harmonics")[55]) auf diese Punkte.

Der Patient empfand ein starkes Nachlassen der Schmerzen, und er konnte es sogar ertragen, daß man an seiner Zehe herumdrückte. Er sagte, er fühle sich ziemlich wohl, und konnte zum erstenmal seit der Verletzung den Schuh wieder anziehen und auch gehen. Die Ursache für den Schmerz bestand weiterhin, aber der Schmerz selbst war fast völlig verschwunden.

Ein anderer Mann kam zu mir, weil er tags zuvor bei einem schweren Unfall vier Rippen gebrochen hatte. Er litt unter starken Schmerzen. Es stellte sich heraus, daß mehrere Meridiane in einem weiten Umfeld betroffen waren. Um sie zu bestimmen, tastete ich den verletzten Bereich sorgfältig ab und suchte nach schmerzenden Stellen. Dann aktivierte ich den Schmerz, um den Meridian festzustellen, der durch den betreffenden Bereich verlief. Dieser Schmerz wurde anschließend mit Musik beseitigt. Dann gingen wir weiter zum nächsten Bereich und fuhren in dieser Weise fort, bis alles durchgearbeitet war.

Der Vorgang dauerte etwa eine Viertelstunde. Der Patient sagte dann, daß seine Schmerzen etwa zu 80 Prozent verschwunden seien; er konnte nun freier atmen und sich auch besser bewegen. Nach einer Stunde kam der Schmerz wieder, allerdings nicht mehr so stark, und jetzt wiederholten wir den Vorgang. Nachher wollte er keine Hilfe mehr in Anspruch nehmen, weil nur noch ein geringes Unbehagen geblieben war. Wieder muß ich darauf hinweisen, daß der pathologische Prozeß, die Knochenbrüche nicht geheilt waren, aber die Schmerzen waren stark zurückgegangen.

Eine ähnliche Methode verwende ich zur Schmerzlinderung und Betäubung bei zahnärztlichen Eingriffen. Ich gebrauchte Musik schon als einziges Betäubungsmittel bei Zahnextraktionen und in vielen Fällen gegen Zahnschmerzen. Man kann sie beim Zahnziehen auch zusätzlich zur üblichen Lokalanästhesie verwenden. Dabei berichten sowohl der Patient als auch der Zahnarzt übereinstimmend, daß der Streß und die Blutung geringer sind, ebenso die Schmerzen und das unangenehme Gefühl nach der Operation. Wie bereits erwähnt, diente Musik auch als einziges Betäubungsmittel, manchmal bei sehr komplizierten Extraktionen. Wie bei der Anästhesie mit Akupunktur eignen sich wahrscheinlich nur bestimmte Menschen dazu, und die Musik als einziges Anästhetikum mag lange nicht für alle gut sein, aber als zusätzliches Mittel hat sie eigentlich in allen Fällen unschätzbaren Wert.

Das Vorgehen ist das folgende. Anhand einer entsprechenden Tabelle kann man den Meridian, der mit dem jeweiligen Zahn in Verbindung steht, leicht bestimmen. Angenommen, der dritte untere Stockzahn muß gezogen werden. Dies betrifft laut Tabelle den Nierenmeridian auf der entsprechenden Seite. Vor der Operation werden die Schallwandler an den richtigen Punkten befestigt. Wir bitten den Patienten, einen über seine Thymusdrüse zu halten. Den Schallwandler auf dem assoziierten Punkt am Rücken kann er normalerweise mit seinem Körpergewicht am Ort halten, und den dritten legt der „Musikanästhesist" oder der Zahnarzt selbst an den richtigen Punkt. Durch diese Schallwandler erklingt nun ausgewählte therapeutische Musik[56]), am besten bereits einige Minuten vor dem Eingriff und auch einige Minuten nach Beendigung des Eingriffs.

Es ist wichtig, daß der Patient diese Musik auch hören kann. Der Schmerz ist immer dann geringer, wenn der Atem tief und regelmäßig ist. Und umgekehrt wird der Atem flach und unregelmäßig, sobald Schmerz auftritt. Die Musik ist speziell so ausgewählt, daß sie einen tiefen regelmäßigen Atem fördert. Auf diese Weise können die Schmerzen des Patienten sowohl über die Ohren als auch über das Akupunktur-System, wo die Musik direkt einwirkt, gelindert werden. Auch der Zahnarzt steht weniger unter Streß, wenn er die Musik hört.

Der „Musikanästhesist" beobachtet den Atem des Patienten sorgfältig, um sicherzustellen, daß er regelmäßig bleibt. Sobald er merkt, daß der Atem stockt, gibt er dem Patienten ein vorher verabredetes Zeichen — zum Beispiel ein leichtes Klopfen mit der Hand —, das ihn daran erinnert, frei zu atmen.

Schmerz scheint immer dann aufzutreten, wenn sich die Energie in einem oder mehreren Meridianen des Akupunktur-Systems blockiert oder ansammelt. Musik begünstigt offensichtlich den Energiefluß durch die Meridiane, indem sie eine Stauung dieser Energie entweder verhindert oder auflöst. Regelmäßiges Atmen hat dieselbe Wirkung. Bei vielen Gelegenheiten habe ich deshalb die Erfahrung gemacht, daß Schmerzen durch tiefes und rhythmisches Atmen gelindert werden können. In dieser Hinsicht kann Musik natürlich von großem Nutzen sein. Wie eine Mutter ihr schreiendes Baby beruhigt, indem sie es in den Arm nimmt, es wiegt und ihm ein Lied singt, so können wir durch die Musik Tröstung erfahren.

Es gibt in der Medizin zahllose Anwendungsmöglichkeiten für die Musik. Die Resultate bei der Schmerzlinderung sind äußerst zufriedenstellend. Diese und andere Beispiele zeigen, daß die Musik grundsätzlich auf zwei verschiedene Arten zu wirken scheint — direkt auf das Energiesystem der Akupunktur, vermutlich über spezifische Akupunkturpunkte auf der Haut, und dann in zentraler Weise zum Beispiel auf den Atem. Dazu kommt natürlich auch noch das, was uns ohnehin an der Musik immer wieder fasziniert, ihre Leidenschaft, Schönheit und ihr geistiger Gehalt. Das Wunderbare in der Musik und was sie den Menschen Gutes bringt, ist unermeßlich.

Zusammenstellung einiger Resultate in Bezug auf Musik und Ton

1. Alle Töne haben eine eindeutige und nachweisbare Wirkung auf unsere Lebensenergie.

2. Alle streßfreien, natürlichen Klänge stärken die Lebensenergie. Dazu gehören Laute von Tieren, der Klang von Musikinstrumenten und die natürlichen Töne des Körpers, vor allem die Atemgeräusche und die Herztöne. Hingegen können die Laute eines Tieres in Not oder eines kranken Menschen die Lebensenergie schwächen.

3. Jeder Lärm hat ungeachtet seiner Lautstärke eine negative Auswirkung auf die Lebensenergie. Auch alle vollkommen regelmäßigen Geräusche wirken sich negativ aus — wie zum Beispiel das Ticken einer Uhr oder eines Metronoms. Was wir in der Natur hören können, ist nie ganz regelmäßig. Deshalb nehmen wir künstlich regelmäßige Geräusche als Streß wahr und reagieren dementsprechend.

4. Jede Art von Musik (mit Ausnahme gewisser Rock-Musik) stärkt die Lebensenergie und reduziert den Streß. Das Ausmaß an Stärkung hängt von der Lebensenergie des Komponisten und des Interpreten ab. Die therapeutischen Eigenschaften gehen zum Teil direkt vom Komponisten aus und finden sich deshalb unabhängig vom Interpreten in der Musik, zu einem andern Teil sind sie vom Interpreten abhängig.

5. Elektronisch erzeugte Klänge, wie zum Beispiel Musik aus dem Synthesizer, sind neutral und beeinflussen die Energie weder in positivem noch in negativem Sinne.

6. Wir „hören" über zwei verschiedene Systeme: mit dem Gehör und mit dem Akupunktur-System, das aber nur bei niederen Frequenzen (bis ca. 1'000 hz) wirksam ist. Zudem

reagiert der Körper auch auf Frequenzen, die weit über der Hörschwelle liegen.

7. Jeder Meridian des Akupunktur-Systems reagiert auf bestimmte Frequenzen und bestimmte Tempi des Metronoms. Jeder Meridian steht auch zu einer bestimmten Gebärde in Beziehung und somit auch zu Bewegungen beim Instrumentalspiel oder Tanzen. Jeder Meridian reagiert auch auf einen bestimmten Konsonanten (während die Vokale mit der Thymusdrüse in Verbindung stehen, die das gesamte Meridiansystem kontrolliert). Was aber am wichtigsten ist: jeder Meridian steht auch mit einer bestimmten Gefühlslage in Verbindung. Deshalb haben gewisse Klänge und Bewegungen eine ganz spezifische Wirkung auf unsere Gefühle, nicht nur aufgrund dessen, was wir über das Ohr aufnehmen, sondern auch weil der betreffende Meridian und mit ihm die zugehörige Gefühlslage aktiviert werden.

8. Musik ist primär eine Fähigkeit der rechten Gehirnhemisphäre. Sobald man jedoch unter Streß steht, geraten die beiden Hemisphären aus dem Gleichgewicht und eine Hemisphäre übernimmt die Führung. Bei einem solchen Ungleichgewicht vermindert sich die Kreativität. Bei einer linksseitigen Dominanz kann der Ausgleich wieder geschaffen werden, indem man an Musik denkt — daher sollte der Musik gerade in unserer heutigen Gesellschaft, die so stark von der linken Hemisphäre dominiert wird, besonders große Bedeutung zukommen.

Musik wirkt korrigierend auf dieses Übergewicht der linken Hemisphäre, das vom Streß des Alltags verursacht wird, und gleicht die Tätigkeit der beiden Hemisphären wieder aus. Sie entspannt uns, befreit uns von Streß und macht uns ausdrucksfähiger.

9. Die Sprache ist eine Funktion beider Hemisphären. Die linke Hemisphäre befaßt sich vor allem mit der Wortbedeutung, die rechte mit Syntax, Rhythmus, Reim und Gebärde. Bei den meisten Menschen sind die beiden Hemisphären

nicht im Gleichgewicht, so daß sie mit ihrer inneren Sprache (ihren Gedanken) ihre eigene Lebensenergie schwächen können.

10. Jede zwischenmenschliche Kommunikation hat letztlich zum Ziel, die Lebensenergie des Partners zu stärken. Die menschliche Kommunikation weist eine ganze Reihe verschiedener Energiestufen auf, die von „eindeutig untherapeutisch“ bis zu „transzendent“ reichen.

11. Man kann die Energiestufen eines jeden Musikers und Komponisten über sein ganzes Leben hinweg verfolgen und anhand von Tests aufzeichnen. Zudem ist es möglich, daß sowohl Musiker als auch Komponisten ihre Lebensenergie auf ganz bestimmte Weise stärken können, so daß ihre Kommunikation streßfrei und energiestark wird und sich somit auf den Zuhörer positiv auswirkt.

12. Eine Untersuchung der Gruppendynamik kann die gegenseitige Beeinflussung von Dirigent und Orchestermusiker oder von Kammermusikern untereinander aufdecken.

13. Fast alle Berufsmusiker empfinden für ihre Instrumente und ihre Musik keine Liebe mehr. Die Musik ist für sie zum Streß geworden. Diese negativen Auswirkungen sind heilbar.

Einige Vorbemerkungen zu einem besseren Verständnis von Beethoven

„Musik vermittelt zwischen der Geistes- und der Sinnenwelt.“
Beethoven

Das folgende soll eine kurze Darstellung einiger unserer Ergebnisse in Bezug auf Beethoven und seine Musik sein. Sie erhebt in keiner Weise den Anspruch, umfassend oder vollständig zu sein. Sie ist eher als Denkanstoß gedacht.

Im Forschungsprogramm unseres Instituts, das sich mit den „Biological Harmonics“ befaßt, haben wir in den Kompositionen fast aller Komponisten im Verlaufe ihrer schöpferischen Phase im Leben eine fortschreitende Zunahme an Lebensenergie festgestellt, und Beethoven ist dafür ein gutes Beispiel. Es finden sich aber auch Fälle, wo die Lebensenergie jäh zurückgeht. Zwar ist dies nicht häufig, aber die Beispiele sind bedeutend — Mozart, Sibelius, Schönberg, um nur drei zu nennen. Im allgemeinen zeigt jedoch der Test zwischen den frühen Jugendwerken und den letzten Alterswerken einen Energieanstieg. Bei gewissen Komponisten läßt sich eine erhöhte Energiestufe bisweilen auf ein bestimmtes Ereignis in ihrer Biographie zurückführen, aber normalerweise ist dies nicht der Fall. Bei Beethoven finden wir einige Anhaltspunkte, die zu bestimmten Zeiten eine Zunahme an Energie in bestimmten Kompositionen erklären können. Vielleicht ließe sich für jede Steigerung eine psychologische Erklärung finden, wenn wir genügend biographische Hinweise hätten. Wie dem auch sei — die hier geäußerten Deutungen sind reine Vermutungen, die noch weiterer Untersuchung bedürfen.

Seien Sie sich bitte auch immer bewußt, daß die hier vorgelegten Resultate mit einem Testverfahren erzielt wurden, das viel komplizierter ist als die einfachen Tests, die in diesem Buch beschrieben sind. Der Hauptgrund dafür besteht darin, daß die Lebensenergie in Beethovens Kompositionen auch in den frühesten Werken so stark ist, daß man ihre Grenzen nur mit äußerst subtilen Tests überhaupt ermitteln kann.

Bei jedem Komponist bildet ein bestimmter Meridian die Grundlage der Kommunikation. Er stellt die symbolische Gebärde in der Musik dar. Zur Stärkung dieses Meridians wird die musikalische Kommunikation überhaupt erst geschaffen. Bei Beethoven stellt der Nierenmeridian die Grundlage der Kommunikation dar. Die gesamte musikalische Kommunikation Beethovens ist also Ausdruck seiner Bemühung, diese grundsätzliche Unausgewogenheit bei sich selbst zu korrigieren. Im Laufe seines Lebens, da seine Lebensenergie immer neue Stufen erklimmt, zeigen sich auch entsprechend neue Stufen in der Korrektur dieser grundsätzlichen Schwäche seines Nierenmeridians.

Jede Meridianschwäche geht mit einer entsprechenden negativen Gefühlshaltung einher. Bestimmen wir also den Meridian, auf welchem Beethovens Kommunikation beruht, kennen wir auch seine grundsätzliche Bedrängnis, die ihn zur Musik geführt hat, und der er mit seinen Kompositionen Erleichterung zu verschaffen suchte. Beethovens stärkster negativer Zug — und wer mit seinen biographischen Daten[57]) vertraut ist, wird sich darüber nicht wundern — ist sein sexuelles Schwanken.

Eine solche Meridianschwäche zeigt sich zum Beispiel bei einem Patienten, der sich weder entscheiden kann, mit wem er eine sexuelle Beziehung haben will, noch ob er überhaupt eine sexuelle Beziehung haben will, ober ob er sie mit jemandem seines eigenen Geschlechts haben soll. Die Beethoven-Literatur ist gespickt mit Anspielungen auf seine sexuellen Probleme, auch auf seine sogenannte latente Homosexualität. (Sein sexuelles Schwanken findet jetzt durch unsere Tests Bestätigung.) Diese Schwäche des Nierenmeridians erscheint bereits in der frühesten Komposition, die wir von ihm getestet haben, in einem Lied, das er 1783 im Alter von zwölf oder dreizehn Jahren schrieb.

Seine Energie hält sich in seinen Kompositionen von allem Anfang an bis etwa zur Zeit des Heiligenstädter Testaments konstant auf dieser Stufe (A). So haben die erste Symphonie, die 1800 geschrieben wurde, und op. 28 von 1801 weniger Energie als die Klaviersonaten op. 31, die auch nach Ansicht der meisten Fachleute einen Anstieg seiner Kräfte anzeigen.

Diese höhere Stufe (B) hält sich durch die Zweite Symphonie (1802), die Dritte (1803) und Vierte (1806) bis fast zum Ende des dritten Satzes der Fünften Symphonie. Die nächste Stufe (C) findet sich in der Sechsten Symphonie, an der er beinahe zur selben Zeit arbeitete, um sie im Spätsommer 1808 zu beenden. Es erfolgt eine weitere Zunahme an Lebensenergie (Stufe D), welche erstmals in der Fantasie op. 80, die gegen Ende von 1808 vollendet war, in Erscheinung tritt, und diese Stufe hält sich bis nach der Siebten Symphonie 1812.

Ich möchte hier für einen Moment die Darstellung dieser Stufen unterbrechen, um folgendes Problem zu betrachten: Ich bin mir natürlich bewußt, daß Beethoven ein Werk möglicherweise bereits während einer langen Zeit mit sich herumgetragen hat, vielleicht schon während Jahren, bevor er sich endlich hinsetzte und es niederschrieb. Aus diesem Grund kann man sich selbstverständlich zu Recht fragen, ob man bei der Festlegung der verschiedenen Stufen so genau sein darf angesichts der langen Zeit, während der er ein Werk „ausgebrütet“ hat. Wie dem auch sei — von Bedeutung ist, daß diese Energieveränderungen zu diesen bestimmten Zeiten tatsächlich feststellbar sind, und daß andere Werke aus derselben Zeit, die ich hier nicht alle erwähne, ebenfalls derselben Energiestufe angehören. Weiter habe ich feststellen können, daß seine Skizzen, die er als unbrauchbar ausgeschieden hatte, in jedem Fall weit weniger Energie aufweisen als diejenigen, für die er sich schließlich entschied. (Sein Urteilsvermögen war unglaublich zutreffend.) Dies könnte auch darauf hinweisen, daß er den energiebestimmenden Faktor, den Puls, seiner Musik erst im allerletzten Stadium ihres Entstehens eingab.

Eine neue Energiestufe (E) stellt sich mit der Achten Symphonie ein, oder genauer mit dem Werk, das ihr unmittelbar vorangeht — WOO 39 (1812). Der Sommer 1812 war bekanntlich die Zeit des überaus wichtigen Briefes an die „Unsterbliche Geliebte" und seiner Reise nach Linz. Diese Stufe dauert von 1812 bis Herbst 1814 mit op. 90.

Zwischen diesen Daten liegt eine Zeit, die man allgemein als kreative Pause bezeichnet. Dies mag stimmen, jedoch war es uns nicht möglich, die Energiestufe der wenigen Kompositionen aus dieser Zeit zu bestimmen, weil wir keine Aufnahmen auftreiben konnten, die sich zum Test eigneten.

Die Energie steigt ein weiteres mal leicht an (Stufe F) mit dem Elegischen Gesang op. 118, ebenfalls von 1814, und dann 1815 bis 1816 nochmals mit Meeresstille und Glückliche Fahrt, den Cellosonaten op. 102, an die ferne Geliebte und der Klaviersonate op. 101. Dieser Energieanstieg wurde vielleicht 1815 durch den Tod seines Bruders Karl ausgelöst.

Die Sonate für Hammerklavier op. 106 und die Klaviersonate op. 109, welche im Spätsommer 1820 vollendet war, zeugen wieder von einer höheren Energiestufe (H). Während dieser Zeit stand es sehr schlecht um Beethovens Gesundheit, er hatte Verwirrungszustände und lag in einem üblen Streit mit Karls Witwe Johanna wegen der Vormundschaft über seinen Neffen Karl. Es war auch die Zeit, in der seine Liebe-Haß-Beziehung zu Johanna ihre höchste Intensität erreichte — der Haß lag offen da, die Liebe klang unterschwellig mit.

1820 beginnt in Beethoven eine Veränderung vorzugehen. Frauen fehlen nun völlig in seinem engeren Freundeskreis. Es zeigt sich ein wachsendes Interesse an Prostituierten (die er „Festungen" nannte) und deutlich auch das, was man in der Psychiatrie mit „latenter Homosexualität" bezeichnet.[58]) Dies könnte mit seiner Gelbsucht in Zusammenhang stehen, welche zu dieser Zeit entdeckt wurde. Oft kann man nämlich in Fällen einer schweren Leberschädigung bei Männern einen Rückgang des Geschlechtstriebs und eine stärkere Betonung der weiblichen Geschlechtsmerkmale feststellen; so können zum Beispiel Penis und Hoden kleiner werden und dafür die Brüste wachsen. Auf der Haut können sogar sogenannte „Spinnwebmale" erscheinen — kleine Blutgefäße, die denen des Uterus ähnlich sind. All dies ist eine Reaktion auf den erhöhten Spiegel der weiblichen Hormone. Jeder Mann bildet auch weibliche Hormone, die normalerweise in der Leber abgebaut werden. Ist aber die Funktion der Leber beeinträchtigt, erhöht sich der Hormonspiegel, und dies führt zu einer Betonung der weiblichen Geschlechtsmerkmale. Vielleicht kann der große Anstieg in Beethovens Schaffenskraft, der bis zu seinem Lebensende anhielt, und damit auch die nochmals erhöhte Energiestufe in seinen Werken wenigstens teilweise darauf zurückgeführt werden, daß sein grundsätzliches sexuelles Schwanken (sein Problem mit dem Nierenmeridian) durch die hormonalen Konsequenzen seines Leberschadens eine „Lösung" erfuhr.

Diese Energiestufe (I) findet sich in op. 110, op. 111, in der Missa Solemnis, der Ouverture Zur Weihe des Hauses, in den Diabelli-Variationen, den Bagatellen op. 119 und in der Neunten Symphonie. Wieder zeigt dieser Anstieg der Lebensenergie eine zunehmende Auflösung seines inneren

Stresses, und im speziellen seines grundsätzlichen sexuellen Schwankens.

Der vierte Satz der Neunten Symphonie hat zum größten Teil wieder eine höhere Energiestufe (J). Ich halte es für bedeutungsvoll, daß im Januar 1824 eine Versöhnung mit Johanna stattfand. Diese neue Energiestufe tritt etwa zu der Zeit auf, als er dem vierten Satz, der „Ode an die Freude" (vollendet im Februar 1824), den Puls eingab. Sie dauert durch die Bagatellen op. 126 und die Streichquartette op. 127, 130 und 132 an. Im allgemeinen beobachten Musikhistoriker, daß er jetzt einen neuen und einfacheren Stil hat, und daß seine Musik auf Bach zurückweist.

Die letzte und höchste Energiestufe (K) haben die Große Fuge op. 131 und op. 135, auch die Transkription der Großen Fuge für vier Hände op. 134 und das neue Finale von op. 130, komponiert im Oktober-November 1826.

Mit diesen letzten Werken hat Beethoven eine sehr hohe Energiestufe erreicht. Bei keinem unserer Tests haben wir einen Komponisten gefunden, der eine höhere Energiestufe erreicht hätte, und es mag wohl sein, daß dies auch nie vorkommen wird — vielleicht ist das überhaupt die höchste Stufe, die ein Komponist je erreichen kann. Vielleicht äußern sich noch höhere Stufen nicht mehr durch Musik, sondern nur noch durch die Stille.

Auf diesen letzten Stufen findet sich kein Anzeichen mehr für sein früheres Problem mit dem Nierenmeridian. Er scheint den grundsätzlichen Konflikt, der ihn seit seiner Kindheit quälte, und der ihn in die Musik und zum Komponieren getrieben hatte, vollständig gelöst zu haben.

Wie wir aus den knappen biographischen Angaben sehen können, sind zumindest einige seiner Phasen von gesteigerter Schaffenskraft und gesteigerter Lebensenergie durch seine Beziehungen zu Frauen (vor allem die Unsterbliche Geliebte und Johanna) beeinflußt. Ich wage die Behauptung, daß dies bewiesen wird durch die enorme Energie, die in ihm aufwallte, als er seinen Puls der Ode an die Freude eingab, nachdem seine leidenschaftliche und haßerfüllte Beziehung zu Johanna endlich durch eine Versöhnung erlöst worden war. Und wir lesen bei Solomon, daß Johanna bei ihm war, als er im Sterben lag, und daß er ihr indirekt auch seine Habseligkeiten vermachte. In seinen letzten Werken hatte er über sein grundsätzliches sexuelles Schwanken gesiegt. Nun war er frei und klar. Er hatte schließlich durch seine Musik die bitterste Qual seines Lebens gelöst.

Das Problem, das Beethoven für sich selbst löste, quält uns alle mehr oder weniger. Es hat grundsätzlich damit zu tun, wie wir unsere Eltern lieben. Wenn wir uns Beethoven gegenüber öffnen, kann sich das Problem für uns lösen, so wie es sich für ihn, allerdings auf tragische Weise, gelöst hat. Das ist sein Geschenk an uns alle.

Das ideale Konzert

Dies ist mein Wunsch für die Musik:

Der *Komponist* hat schon längst alle Unausgewogenheiten, die ihn ursprünglich zum Komponieren brachten, überwunden. Er steht auf einer geläuterten, hohen Stufe, die nie zuvor erreicht worden ist. Er ist vollkommen frei und nur erfüllt von den höchsten positiven Gefühlen.

Sein Werk wird vom energiestärksten *Dirigenten* mit dem energiestärksten *Orchester* zur Aufführung gebracht, welche sich zur Aufgabe machen, dieses heilendste aller Gebete an die Welt weiterzugeben — mit dem einzigen Ziel, die Lebensenergie der Menschen im höchstmöglichen Maß zu stärken, was ihnen selbst und allen anderen zugute kommt; sie pulsieren mit der vibrierenden Lebensenergie und gehen ganz im gemeinsamen Erlebnis der Liebesbotschaft auf.

Die *Zuhörer* sind einzig erfüllt vom freudigen Verlangen nach dieser Botschaft, und sie nehmen sie mit Verehrung und Dankbarkeit an — als Offenbarung Gottes auf Erden.

Hinter der Musik wartet die Stille.

Anhang I

Der Deltamuskel-Test

Für einen Muskeltest braucht es zwei Personen: eine Person, die getestet wird — der Testpartner, und eine, die den Test ausführt. Für einen normalen Test „mit eindeutigem Ergebnis“ gehen Sie folgendermaßen vor:

1. Ihr Testpartner stellt sich aufrecht hin; den rechten Arm läßt er locker hängen, den linken Arm hält er mit gestrecktem Ellbogen horizontal zur Seite. (Sie können auch den anderen Arm nehmen.)

2. Zur Durchführung des Tests stellen Sie sich Ihrem Partner gegenüber. Indem Sie ihm Ihre linke Hand auf seine rechte Schulter legen, geben Sie ihm Halt. Dann legen Sie Ihre rechte Hand beim Handgelenk auf seinen ausgestreckten linken Arm.

3. Teilen Sie ihm mit, daß Sie jetzt versuchen, seinen Arm nach unten zu drücken, und daß er dabei nach Möglichkeit Widerstand leisten soll.

4. Drücken Sie nun ziemlich rasch,fest und gleichmäßig auf den Arm. Der Druck soll gerade stark genug sein, um das Federn und Schnellen im Arm zu testen, aber nicht so stark, daß der Muskel ermüdet. Es geht nicht darum, wer stärker ist, sondern ob der Muskel das Schultergelenk dem Druck gegenüber sperren kann.

Es ist wichtig, daß beide Personen während des Tests nicht lachen.

Wenn der Testpartner dem Druck Widerstand leisten kann, sagen wir: „Sein Testergebnis ist stark“ oder „er ist im Test stark“ — das heißt, daß ihn der Testreiz nicht beeinträchtigt hat. Wenn er dem Druck nachgibt, sagen wir: „Sein Testergebnis ist schwach“ oder „er ist im Test schwach“ — seine Lebensenergie ist durch den Testreiz beeinträchtigt worden.

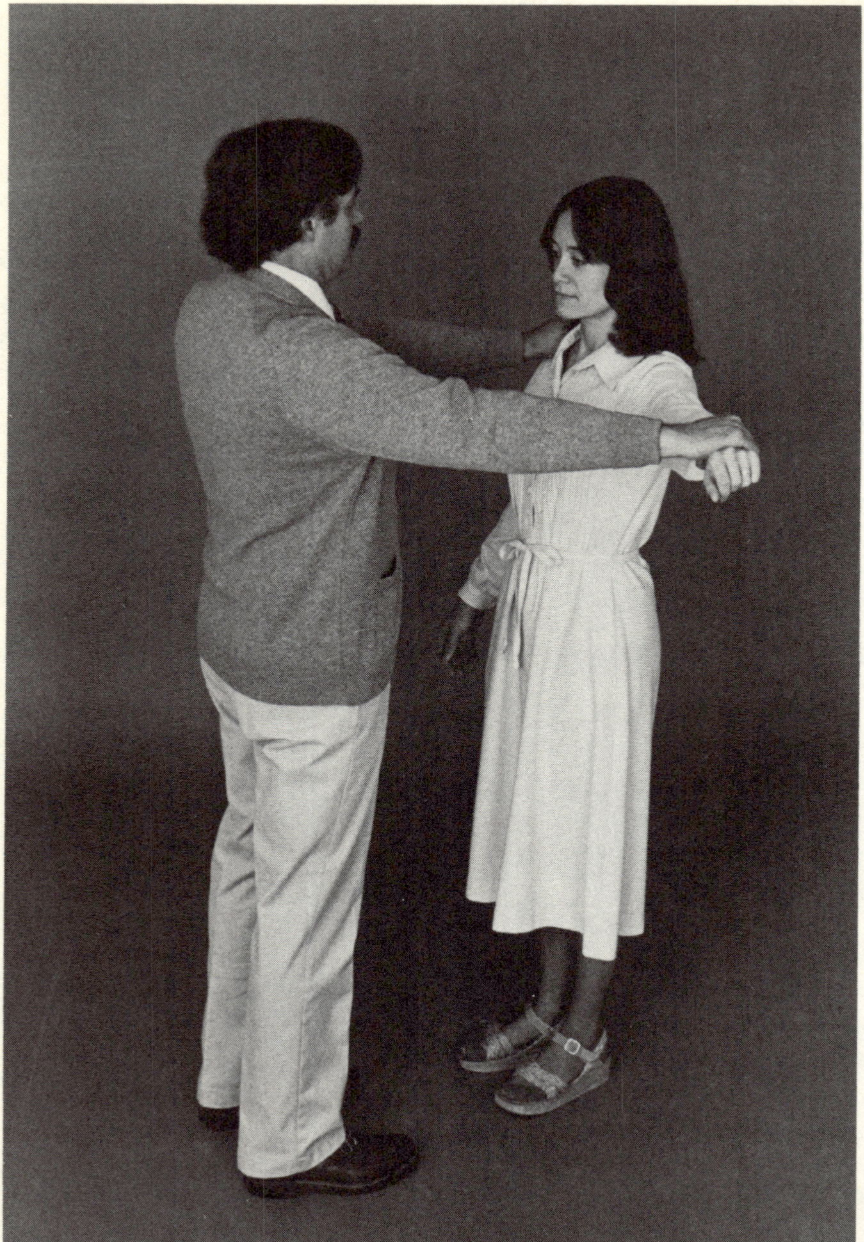

Der Deltamuskel-Test.

Anhang II

Der Thymus-Test

Um den Thymus-Test durchzuführen, gehen Sie folgendermaßen vor:

1. Testen Sie ihren Partner mit dem normalen Deltamuskel-Test.

2. Nun legt Ihr Partner die Fingerspitzen seiner freien Hand da auf die Haut, wo sich die zweite Rippe mit dem Brustbein verbindet. Diese Stelle liegt direkt über der Thymusdrüse.

3. Testen Sie nun den Deltamuskel nochmals, während Ihr Partner den Thymuspunkt berührt. Ist das Testergebnis stark, ist seine Thymusdrüse (und demzufolge seine Lebensenergie) durch den Reiz nicht beeinträchtigt; ist das Testergebnis schwach, ist sie beeinträchtigt.

Ausführliche Anweisungen in *Your Body Doesn't Lie,* S.46.

Anhang III

Der Nabel-Test

Zur Durchführung des Nabel-Tests gehen Sie so vor:

1. Testen Sie Ihren Partner mit dem normalen Deltamuskel-Test.

2. Nun legt Ihr Partner die Finger seiner rechten Hand auf seinen Nabel, während Sie nochmals den Deltamuskel-Test durchführen. Das Testergebnis sollte stark sein.

3. Ihr Testpartner entfernt jetzt seine Hand vom Nabel und Sie legen *Ihre* linke Hand darauf. Das Testergebnis sollte stark sein.

4. Ihre linke Hand bleibt auf dem Nabel Ihres Partners, und dieser legt nun seine rechte Hand darüber. Wenn jetzt das Testergebnis schwach ist, sagen wir: „Er hat ein Nabel-Problem." Wenn das Testergebnis stark ist, sagen wir: „Seine Nabelreaktion ist negativ."

Ausführliche Anweisungen und Erläuterungen finden Sie in „The Umbilicus Test" in: *The Collected Papers,* Bd. II.

Anhang IV

Einige für die Tests zu empfehlende Aufnahmen

Auch wenn der Muskeltest sehr einfach auszuführen ist, so erfordert es eine gewisse Übung und Erfahrung, um damit die gewünschte Sicherheit und Genauigkeit zu erlangen.

Die nachstehend aufgeführten Aufnahmen enthalten alle viel Energie und sind deshalb besonders dafür geeignet, dem Leser bei der Entwicklung seiner persönlichen Erfahrungen als Referenz zu dienen. Mit zunehmender Übung wird er auch verschiedenartige physiologische Wirkungen — insbesondere auf den Atem — spüren und dann allmählich den Test dazu benützen, die persönlichen Eindrücke zu überprüfen und zu verfeinern.

Diese Aufstellung ist jedoch auf keinen Fall als vollständig zu betrachten. Viele hervorragende und bewundernswerte Musiker wurden aus den verschiedensten Gründen — Aufnahmeumstände, Kombination mit anderen Mitwirkenden etc. — in diese notwendigerweise auch räumlich sehr beschränkte Liste nicht miteinbezogen; sie seien hierfür in aller Form um Verständnis gebeten.

Die Liste ist außerdem auf Aufnahmen mit klassischer Musik beschränkt, die in Europa über gute Schallplattengeschäfte beschafft werden können. Opernaufnahmen — mit Ausnahme der Werke von Richard Wagner — sind aus Platzgründen nicht berücksichtigt. Die sogenannten Digital-Aufnahmen können zur Zeit nicht empfohlen werden; für die neue Compact-Disc fehlen im Zeitpunkt der Drucklegung noch die notwendigen praktischen Versuche.

BACH

Chorwerke: Corboz, Forster, Gönnenwein, Ramin, Rilling, Ristenpart, Somary, Thomas

Violinkonzerte: Menuhin/Menuhin, Lautenbacher/Rilling

Oboenkonzert: Goosens/Menuhin

Klavierkonzerte: Pires/Corboz

Suiten: Menuhin

Brandenburgische Konzerte: I Musici, Menuhin

Violine solo: Accardo, Lautenbacher, Menuhin, Vegh

Cello solo: Bijlsma, Starker

Cellosonaten: Rose/Gould

Cembalo solo: Ruzickova, Walcha

Klavier solo: Gould, Lipatti

Flöte solo: Gazzelloni

Orgel solo: Chorzempa, Rogg, Schweitzer, Vollenweider, Walcha

Laute solo: Bream, Diaz, Yepes

BARTOK

Orchstermusik: Ferencsik, Lehel

Musik für Streicher, Schlagzeug & Celesta: Mrawinsky

Violinkonzert Nr. 2: Menuhin/Furtwängler

Klavierkonzerte: Ranki/Ferencsik

Violinsonaten: Vegh

Quartette: Vegh

Klavier solo: Ranki, Sandor

BEETHOVEN

Overtüren und Symphonien: Furtwängler, Keilberth, Kempe, Kubelik, Monteux, Mravinsky

Missa Solemnis: Wand

Messe C-Dur: Kegel

Violinkonzert + Romanzen: Menuhin/Furtwängler, Menuhin/Pritchard

Streichquartette: Berg, Smetana, Talich, Vegh

Violinsonaten: Menuhin/Kempff

Cellosonaten: Starker/Buchbinder

Klaviersonaten: Buchbinder, Buttrick, Gould, Kempff, Lill, Schnabel

Klavierkonzerte: Lill/Gibson

BERLIOZ

Ouvertüren: Gibson

Symphonie Fantastique: Markevitch, Martinon, Monteux

BIZET

Orchstermusik: Markevitch

BUSONI

Werke für 2 Klaviere: Isabel + Jürg von Vintschger

BOCCHERINI

Quartette: Esterhazy

Sinfonien: I Solisti Veneti/Scimone

BRAHMS

Symphonien: Furtwängler, Celibidache, Kempe, Kubelik, Mitropoulos, Monteux, Wand

Serenaden: Kertesz

Requiem: Kempe

Violinkonzert: Menuhin/Furtwängler

Sextette: Menuhin

Quintette: Bartok

Streichquartette: Bartok, Berg

Trios: Menuhin-Trio, Trio Pro Arte

Clarinettensonaten: H. Menuhin/Pieterson

Chormusik: Rilling

Lieder: Ameling

Klavier solo: Bolet, Buttrick, Gould, Kempff

BRUCKNER

Symphonien: Furtwängler, Wand

Messen: Forster

BUXTEHUDE

Orgelmusik: Rogg

Vokalmusik: Rilling

CARISSIMI

Vokalmusik: Speiser/Hirsch

CHOPIN

Klavier solo: Lipatti, Moravec, Pollini

DEBUSSY

Orchestermusik: Baudo, Martinon, Monteux

Klavier solo: Moravec

DVORAK

Symphonien: Kempe, Kertesz, Kosler, Kubelik, Rowicki

Bläserserenade: Turnovsky

Streicherserenade: Vlach

Quartette: Berg, Janacek, Prager, Smetana

Slawische Tänze: Kontarskys

ELGAR

Symphonien: Gibson

FAURE

Orchestermusik: Baudo

Requiem: Boulanger, Corboz, Ledger

FRANCK

Symphonie: Furtwängler, Monteux

Symphonische Variationen & Les Djinns: Ciccolini/Baudo

Violinsonate: Menuhin/Menuhin

GRANADOS

Klaviermusik: Rajna

GRIEG

Klavier solo: Gould, Knadahl

Peer Gynt: Pritchard

HAENDEL

Chorwerke: Corboz, Deller, Forster, Gönnenwein, Hogwood, Ledger, Mackerras, Menuhin, Rilling, Somary

Orchesterwerke: Hogwood, Menuhin

Orgelkonzerte: Preston/Menuhin

Oboenkonzert: Goosens/Menuhin

Cembalo solo: Ruzickova

HAYDN

Symphonien: Furtwängler, Ferencsik, Leslie Jones, Keilberth, Menuhin, Mravinsky, Rilling, Tatrai, Turnovsky, Wand

Chorwerke: Burgos, Corboz, Forster, Gillesberger, Gönnenwein, Guest, Rilling

Hornkonzert: Tuckwell

Feldparthien: Tonhalle-Ensemble Zürich

Quartette: Berg, Esterhazy, Tatrai, Wiener Konzerthaus

Klavier solo: Buchbinder, Ranki

HINDEMITH

Orchestermusik: Furtwängler, Hindemith, Mravinsky

Klavier solo: Gould

HONEGGER

Symphonien: Baudo, Mravinsky

JANACEK

Orchstermusik: Kubelik, Mackerras

MAHLER

Symphonien: Kubelik, Mitropoulos, Morris

LISZT

Klavier solo: Bolet

Orchester & Chormusik: Ferencsik, Lehel

MARTIN

Lieder: Ameling/Martin

Konzertante Werke: Martin

Le vin herbé: Dezarzens/Martin

MENDELSSOHN

Orchsterwerke: Celibidache, Kubelik, Mitropoulos

Violinkonzert: Menuhin/Furtwängler

Chorwerke: Burgos, Corboz, Rilling

Streichquintett: Kammermusiker Zürich

Trio: Trio Pro Arte

Klavier solo: Friedman

MONTEVERDI: Deller

MOZART

Symphonien und Serenaden: Furtwängler, Hogwood, Kehr, Keilberth, Kubelik, Menuhin, Monteux, Mravinsky, Suitner, Wand

Chormusik: Celibidache, Corboz, Forster

Violinkonzerte: Menuhin/Menuhin, Menuhin/Pritchard

Klavierkonzerte: Menuhin/Menuhin (Nr. 19 & 25), Moravec/Vlach (Nr. 25, 14 & 23)

Quintette: Esterhazy, Tatrai

Quartette: Berg, Esterhazy

Klavier vierhändig: Isabel + Jürg von Vintschger

Klaviermusik: Gould, Lipatti, Pires, Schnabel

Violinsonaten: Schröder/Immerseel

NIELSEN

Symphonien: Schmidt

PAGANINI

Caprices: Accardo, Ricci

PFITZNER

Violinkonzert: Lautenbacher/Wich

PROKOFIEFF

Symphonien: Celibidache, Kosler, Martinon, Mravinsky

Klavier solo: Sandor

PURCHELL: Deller, Hogwood

RAVEL

Orchestermusik: Baudo, Martinon, Monteux

Quartett: Borodin

REGER

Orchestermusik: Keilberth

Cellosonate: Bjilsma

Klavier solo: Bolet

RIMSKY-KORSAKOV

Scheherezade: Monteux

RODRIGO

Gitarrenkonzerte: Lagoya/de Almeida

SAINT-SAENS

Symphonien: Martinon

Klavierkonzerte: Ciccollini/Baudo

SCARLATTI

Cembalomusik: Ruzickova

SCHUBERT

Symphonien: Furtwängler, Celibidache, Pritchard, Wand

Chormusik: Corboz, Forster, Gönnenwein

Lieder: Ameling, Hotter, Hüsch, Prey

Quartette: Berg, Endres, Smetana, Wiener Konzerthaus

Trios: Menuhin/Menuhin/Gendron

Grand Duo: Kontarskys

Klaviermusik: Kempff, Schnabel

SCHUMANN

Symphonien: Furtwängler, Celibidache, Kubelik

Klavierkonzert: Kempff/Kubelik

Klaviermusik: Kempff, Pollini

SCHÜTZ

Chormusik: Gillesberger, Grischkat, Rilling

SHOSTAKOVICH

Symphonien: Mravinsky

Quartette: Borodin

SCRIABIN

3. Symphonie: Fedosejew

SIBELIUS

Orchesterwerke: Gibson, Monteux, Mravinsky

Tondichtungen: Gibson

SMETANA

Orchesterwerke: Kubelik

R. STRAUSS

Orchesterwerke: Strauß, Furtwängler, Kempe

STRAVINSKY

Orchsterwerke: Monteux, Mravinsky

TCHAIKOVSKY

Orchestermusik: Celibidache, Fedosejew, Markevitch, Mravinsky

Quartette: Borodin

VILLA-LOBOS

Orchestermusik: Villa Lobos

VIVALDI

Concerti: Accardo, Clemencic, Gazzelloni/Musici (Flötenkonzerte), Goosens/Menuhin (Oboenkonzert), I Musici, Rolf Reinhardt/Collegium aureum, Rossi, I Solisti Veneti/Scimone

WAGNER

Opern und Orchestermusik: Furtwängler, Goodall (engl. gesungen), Kempe, Monteux, Suitner

WALTON

Orchestermusik: Walton

GITARRE SOLO: Bream, Diaz, Romeros, Segovia, Williams, Yepes

HARFE SOLO: Zabaleta

LIEDER

Ameling/Shetler, Erb/Seidler-Winkler, Erb/Moore, Flagstad/Moore, Hotter/Moore, Hüsch/Müller, Hüsch/Moore, Prey/Hokanson, Schiøtz /Moore, Wunderlich/Giesen
(Die Auswahl ist relativ klein, weil bei vielen Liedaufnahmen nur einer der beiden Partner stark ist.)

Weitere Informationen

Dr. John Diamond führt in den USA regelmäßig Seminare über verschiedene Themen aus seinen Forschungsbereichen durch, so auch über die Thematik dieses Buches. Auskunft über Seminare, Musikkassetten und andere Veröffentlichungen erhalten Sie schriftlich oder telefonisch bei:

Institutes for the Enhancement of Life Energy and Creativity
Post Office Drawer 37
Valley Cottage, New York 10989 USA
Tel: (914) 268-5144

Bibliographie von John Diamond

Your Body Doesn't Lie, Warner Books, New York 1980 (Deutsche Übersetzung in Vorbereitung).

Speech, Language and the Power of the Breath, Valley Cottage 1979.

The Re-Mothering Experience, Valley Cottage 1981.

The Collected Papers of John Diamond, Bd. II, Valley Cottage 1980.

Behavioural Kinesiology and the Autonomous Nervous System, Valley Cottage 1978.

Life Energy: Unterstanding and Transforming Your Emotions to Achieve Total Health, A + W, New York 1983.

Über den Autor

Dr. John Diamond führt in Valley Cottage, New York, eine Praxis für Präventivmedizin und Psychiatrie. Er promovierte im Jahre 1957 an der medizinischen Fakultät der Universität von Sydney, Australien, und erhielt 1962 an der Universität von Melbourne das Diplom für Psychiatrie. Er ist Mitglied der International Academy of Preventive Medicine, die er vorher präsidierte, Direktor der Archaeus Research Foundation, beratendes Mitglied an der Community Music School der New York State University; er erhielt zahlreiche Lehraufträge an Kliniken und Universitäten und hielt schon über tausend Vorträge vor Berufsverbänden, in Radio und Fernsehen; er ist Mitherausgeber des monatlich erscheinenden Diamond-Reports; an seinem Institute for the Enhancement of Life Energy and Creativity leitet er die Forschung und führt auch Einzeltherapien durch.

Eines seiner Hauptinteressen gilt der Beziehung zwischen Musik und Gesundheit. Dr. Diamond forscht seit mehr als 25 Jahren auf diesem Gebiet und integriert die Resultate in seine klinische Praxis. Dabei gilt ein großer Teil der Kreativitätssteigerung und Streßreduzierung für Berufs- und Amateurmusiker. Er hielt zahlreiche Vorträge in Amerika und Europa, darunter auch am Salzburger Oster Festival Symposium, das von der Herbert von Karajan-Stiftung organisiert wurde. Zu seinen zahlreichen Publikationen gehören unter anderen: Your Body Doesn't Lie; The Life Energy in Musik, Bd. I und II (erscheint demnächst); the Re-Mothering Experience; Speech, Language and the Power of the Breath; Lectures on a Spiritual Basis of Holistic Therapy; Life Energy.

Anmerkungen

[1]) siehe Anhang I.
[2]) *Your Body Doesn't Lie,* S. 63.
[3]) ebd., S. 84. siehe auch Anhang II.
[4]) Emanuel Winternitz, *Music - Physician of the Soul.*
[5]) Nähere Angaben zum beschriebenen Vorgang siehe S. 106.
[6]) Englisch 'Respiratory Energy Spontaneous Pulsation' siehe *Speech, Language and the Power of the Breath.*
[7]) *The Re-Mothering Experience.*
[8]) Englisch 'Life Energy Breath Span Test'.
[9]) siehe Anhang I und *Your Body Doesn't Lie,* S. 42.
[10]) Es ist nicht wichtig, in welcher Phase des Atemzyklus der Atem angehalten wird, aber da die meisten Leute den Atem bei voller Einatmung anhalten wollen, ist der Test auf diese Phase festgelegt.
[11]) Der Test bringt es mit sich, daß die Zeitmessung nicht absolut genau sein kann, da das Testen selbst auch Zeit benötigt. Trotzdem unterscheiden sich die beiden Gruppen ganz klar. Es kommt zudem oft vor, daß Testpersonen, die den Atem bei gewissen Aufnahmen sehr lange anhalten können, den Test abbrechen müssen, weil sie keine Luft mehr haben — nicht etwa, weil sie schwach werden.
[12]) Allerdings gehört nur eine sehr kleine Minderheit der energiestarken Musiker zu dieser Kategorie. Das Testverfahren für diese Unterscheidung würde jedoch den Rahmen dieses Buches sprengen.
[13]) siehe S. 113.
[14]) siehe Anhang II.
[15]) *Your Body Doesn't Lie,* S. 65.
[16]) "The Umbilicus Problem" in: *The Collected Papers,* Bd. II. siehe auch *The Re-Mothering Experience* und Anhang III.
[17]) "What's really wrong with Rock Music", in: *The Collected Papers,* Bd. II.
[18]) Anhang II und *Your Body Doesn't Lie,* S. 151.
[19]) "The Umbilicus Problem" in: *The Collected Papers,* Bd. II. siehe auch Anhang II.
[20]) siehe Anhang II.
[21]) siehe S. 47 und S. 79.
[22]) (1980), Bd. 224, S. 1963.
[23]) Novalis, *Das allgemeine Brouillon.*
[24]) Francis Bacon, *Advancement of Learning.*
[25]) Ruskin sprach von Amusie — „das Verleugnen oder Fehlen des Wunsches nach den Musen" (*Fors Clavigera*).
[26]) *The Re-Mothering Experience.*
[27]) *The Collected Papers,* Bd. II. siehe auch S. 25.
[28]) Ursula Vaughan Williams, *R.V.W.: A Biography of Ralph Vaughan Williams,* London 1964, S. 182.
[29]) siehe S. 30.
[30]) Wie Beethoven von seinen Kompositionen sagte: „Ich habe immer das Ganze im Sinn."
[31]) F. Matthias Alexander, *The Universal Constant in Living,* New York 1942.
[32]) siehe "The Bodily Products Test" in: *The Collected Papers,* Bd. II.

[33]) ebd.
[34]) siehe Anhang III.
[35]) Leider hatte ich bisher keine Gelegenheit, genügend Beispiele von älteren Suzuki-Kindern zu testen, um sicherzugehen. Vorläufige Ergebnisse zeigen aber, daß sie im frühen Teenageralter unter Streß geraten.
[36]) siehe Anhang II.
[37]) siehe Anhang II.
[38]) *Your Body Doesn't Lie,* S. 191.
[39]) siehe "Why the B'nai Brith Syndrome?" in: *The Collected Papers,* Bd. II.
[40]) Übrigens hilft es den meisten Legasthenikern, wenn sie beim Lesen Musik hören.
[41]) Wilhelm Furtwängler, *Concerning Music,* London 1953.
[42]) *Speech, Language and the Power of the Breath.*
[43]) John Ruskin, *Joanna's Care.*
[44]) oder auch ein energiestarker Dirigent, der sich mit einem Provinzorchester dahinschleppen muß, weil er nicht das Auftreten eines Superstars hat.
[45]) *The Re-Mothering Experience.*
[46]) R.V.W.: *A Biography of Ralph Vaughan Williams,* S. 164.
[47]) "The Didjeridu", Kassette von Stuart Dempster und John Diamond, Valley Cottage 1981.
[48]) "The Art of the Didjeridu", Trevor A. Jones, Wattle Ethnic Series, Record No. 2.
[49]) *Behavioural Kinesiology and the Autonomous Nervous System.*
[50]) *Your Body Doesn't Lie,* S. 159.
[51]) ebd., S. 166.
[52]) siehe Anhang I.
[53]) Dies ist eine musikalische Abwandlung der Klopftechnik von Dr. George Goodheart. Weitere Untersuchungen scheinen darauf hinzuweisen, daß die Übertragung des Klanges direkt auf die Testpunkte der Meridiane in gleicher Weise wirkt.
[54]) Sie sind unter dem Namen "Master Sound" erhältlich bei Scientific Innovators International Inc., Aiken, Sc 29801. Es können aber auch einfach die Schallwandler eines leicht gebauten Kopfhörers verwendet werden.
[55]) Siehe nächste Anmerkung.
[56]) Dies ist eine von den verschiedenen Anwendungsmöglichkeiten der "Biological Harmonics". Jede Kassette dieser Serie enthält sehr sorgfältig ausgewählte Abschnitte mit energiestarker Musik und spezielle natürliche Klänge, welche zur Streßverminderung beitragen und vor allem ein tiefes, regelmäßiges Atmen fördern.
[57]) Ich empfehle Maynard Solomon, *Beethoven,* New York 1977.
[58]) Wenn ihm zum Beispiel seine Freunde anboten, ihm ihre Frauen auszuleihen.

Weitere Bücher im Verlag Bruno Martin

Ernährung

Neu/Herbst 1982

Nach dem großen Erfolg des ersten Buches hat Magdalena Martin die Anregungen vieler Leser und Freunde aufgegriffen, neue Rezepte zu veröffentlichen, die zum großen Teil auch die Lieblingsrezepte vieler Leute sind. Als Mutter von vier Kindern hatte sie gleichzeitig die Möglichkeit, die Geschmäcker der Kinder ihr Urteil abgeben zu lassen. Auch die vielen Leute, die vorbeikommen, hatten Gelegenheit, die Rezepte zu probieren. Alle leckten sich die Lippen und die Kuchen, das Gebäck, die Quarkspeisen, die Süßriegel und Eiscremes ohne Chemie waren schneller weg, als sie gebacken oder hergestellt werden konnten! Es werden nur geringste Mengen an Süßstoffen, zumeist aber Früchte, Datteln, Honig und Rosinen verwendet. Selbst makrobiotische Schleckermäuler werden daran Gefallen finden.

Magdalena Martin
Neue Naturkostschleckereien
Für kleine und große Kinder!
ca. 120 Seiten, DM 14,—

Jeder, der gesünder leben will, möchte doch nicht auf Süßigkeiten verzichten. Dieses Buch zeigt, daß es viele leckere Alternativen zu weißem Mehl, weißem Zucker und chemischen Pülverchen gibt. Sämtliche Rezepte des Buches verwenden nur Vollkornmehl, Honig, Malzextrakt, Ahornsirup und natürliche Dickungs- und Triebmittel. Über 180 Rezepte für Schleckereien, gekocht und ungekocht, Marmeladen, Gebäck, Pudding, Eiskreme, Kuchen, Bonbons und andere schöne Sachen.

Winfried Günther
Magdalena Martin
Naturkostschleckereien
Ein Buch voll gesunder, süßer Rezepte
120 Seiten, DM 12,80
7. Auflage